기독교 교육총서 1
기독교 교육학 개론

김영규 지음

대한예수교장로회총회

기독교 교육학 개론

발간사

　21세기를 맞은 한국 교회의 양적인 급성장에 대해서는 경이와 찬사를 보내고 있으나 질적인 면에서는 성숙도가 부족하다고 우려하는 소리가 크게 들려옵니다. 성도가 1,200만 명이나 되는 한국 교회가 세상에서 빛과 소금의 직분을 감당하지 못하여 겪는 부끄러움과 고통을 얼마나 더 견뎌야 하겠습니까? 이제부터라도 모든 성도가 내적으로 성숙한 삶을 살도록 온 교회가 교육 문제에 큰 관심을 갖고 준비하는 자세가 필요합니다.

　하나님의 일꾼으로 부름받은 교사들이 사명의 막중함을 깨닫고 교사로서의 본분을 감당하게 될 때, 성도들이 온전한 삶과 헌신적인 봉사의 일을 감당할 수 있을 뿐 아니라 그리스도의 몸을 세우는 삶을 살 수 있습니다(엡 4:11-13). 위대한 교사이신 예수님을 본받아 배우고 지키는 삶의 모습이 이 땅 구석구석까지 나타나 어두운 부분을 밝게 하며 능동적으로 부패를 막고 궁극적으로는 복음으로 이 땅을 구원하는 역사를 일으켜야 합니다.

　이런 관점에서 총회 교육부가 기획한 '교사들을 위한 기독교 교육 총서 시리즈'는 개혁주의 신앙에 근거한 신학을 정립하고, 훌륭한 교사로서 자라나는 세대를 하나님의 선한 일꾼으로 교육하는 데 크게 도움이 될 것입니다. 뿐만 아니라 개교회 및 노회에서 주일학교 교사들을 교육시키는 데도 꼭 필요합니다. 그래서 2007년에 새로 개정된 주교교사 통신대학 교재로 이 시리즈를 선정하였습니다.

과목으로는 1단계 준교사 양성 교육과정에서 「기독교 교육학 개론」, 「기독교 교육 방법」, 「교사론」, 「기독교 심리학」, 「기독교 교육사」, 「예배와 교육」, 「신약개론」, 「구약개론」, 「기독교 교육철학」을 다루었고, 2단계 정교사 양성 교육과정에는 「기독교 가정교육」, 「유아교육」, 「기독교 교육상담」, 「기독교 어린이 교육」, 「교수 매체 이론과 방법」, 「청소년 교육」, 「기독교 교회사」, 「기독교 교육 과정」, 「장로교 기본교리」를 배정하였습니다. 마지막 3단계 교사 리더십 양성과정은 「청지기론」, 「종교개혁자의 신앙교육」, 「제자훈련의 이론과 실제」, 「교회음악학」, 「기독교 교육행정」, 「성경해석과 성경교수학」, 「기독교 교육과 윤리」, 「성경학교 교육론」, 「개혁주의 복음 전도와 양육」 등으로 분류하였습니다. 집필진도 해당 과목을 전공한 교수를 위주로 선정하였습니다.

본서를 통하여 주일학교 교사들이 이 시대에 꼭 필요한 교회 지도자로 쓰임받는 일꾼들이 되기를 바랍니다. 집필에 참여해주신 여러 교수님과 목사님, 좋은 교재를 만들기 위하여 기획 및 편집에 수고한 총회 교육국 직원들에게 진심으로 감사를 드립니다. 이 책을 대하는 교사들과 모든 분들께 주님의 풍성한 은총이 함께하기를 기원합니다.

2009년 2월
교육부장

저자서문

이런 말이 있다. "생각을 심으면 행동을 거두고 행동을 심으면 습관을 거두고 습관을 심으면 인격을 거둔다".

오늘날의 시대를 가리켜 3T가 없는 시대라고 한다. 그 첫째가 감사(Thank)가 없고, 둘째가 부드러움(Tender)이 없고, 셋째가 생각(Thinking)이 없다는 것이다. 생각없이 함부로 내뱉듯이 말하고 보면 부드러움이 사라지고 그 결과는 감사함이 없다는 것이다.

인격의 형성은 생각을 바로 하는 데서 시작하여야 한다. 교육 일선에서 봉사하는 교사들의 막중한 사명은 그의 인격에서 나온다고 볼 때 교사들의 자질향상과 교육의 이념을 깊이있게 이해하는 데 도움이 되기를 바라며 여기 한 권의 책을 펴내게 되었다.

예수님은 말씀하시기를 "내가 너희에게 분부한 모든 것을 가르쳐 지키게 하라"하시며 세상 끝날까지 항상 함께 하신다고 약속하셨다.

교회 교육에 관심이 있는 모든 분들께 미약하나마 도움이 되기를 기도하며 모든 영광과 찬양을 주께 돌린다.

효창동 골방에서
김영규 목사

차 례

서 론

제1장 교육의 개념

교육의 어의 15

교육의 정의 16
    플라톤·16 / 코메니우스·16 / 루소·17 / 페스탈로찌·17
    존듀이·17

교육의 기능 19
    인간형성의 기능·19 / 사회적 기능·20

교육의 목적 21
    민주적 인간·22 / 지성적 인간·23 / 사회적 인간·24
    조화적 인간·25

제2장 기독교 교육의 의의(意義)

교회의 기능 29
    예배·29 / 전도·30 / 교제·31 / 교육·32

기독교 교육의 기본개념 33

제3장 기독교 교육의 목적론

일반 교육 목적의 역사적 고찰 ·· 37
　　고대 희랍의 교육 목적·37 / 고대 로마의 교육 목적·40
　　중세의 교육 목적·42

기독교 교육 목적의 역사적 고찰 ···································· 48
　　구약시대의 교육 목적·48 / 예수님의 교육 목적·49
　　초대교회 시대의 교육 목적·51 / 중세의 교육 목적·51
　　종교개혁기의 교육 목적·54 / 근세의 교육 목적·60
　　주일학교 운동기의 교육 목적·65

기독교 교육 목적 ·· 69
　　기본적 목적·69 / 구체적 목적·69
　　기독교 교육 목적에 대한 다양한 접근·71
　　기독교 교육 목표·79

제4장 기독교 교육과정

개 념 ··· 83
교육과정의 문제 ·· 84
　　영역의 문제·84 / 서열의 문제·84 / 구조적 관계·84
교육과정의 일반적 성질 ··· 85
교육과정의 역사적 고찰 ··· 85
　　구약 시대·85 / 신약 시대·86 / 속 사도 시대·86

중세 시대 · 86 / 종교개혁 시대 · 87 / 근대 기독교 교육과정 · 87
현대 기독교 교육과정 · 88

교육과정의 유형 ··· 88
　　일반적 구분 · 89 / 교육과정의 유형 · 89

교육과정의 구성 원리 ··· 90

교육과정 구성의 기본 개념 ··· 90
　　그리스도 중심 · 90 / 성경의 완전성 · 91
　　학생과의 연관성 · 91 / 사회적 적응 · 92

교육과정의 구성법 ·· 92
　　편성단계 · 92 / 공과 발간 · 93

제5장 기독교교육 방법론

다양한 기독교교육 방법론 ··· 99
전통적 교수 방법에 대한 분석 ··· 102
학습지도와 생활지도 ··· 103
　　개념 · 103 / 학습지도 · 104 / 생활지도 · 107
그룹활동의 제양상
　　원탁토의 · 109 / 버즈그룹 · 109 / 리스닝팀 · 109
　　패널포럼 · 110 / 심포지움 · 110 / 기타 그밖의 형태 · 110

제6장 프래그머티즘의 비판
프래그머티즘의 의미와 주장 ································ 113
프래그머티즘의 방법론에 대한 문제점 ···················· 114
기독교 교육에 대한 사회·문화적 접근방법 ··············· 116

제7장 성령의 교육적 사역
신적 교사로서의 성령의 역할 ································ 124
    성령교사의 명칭·125
성령의 교육사역 ·· 130
    성령의 교훈사역·131 / 성령의 인도사역·132
    성령의 조명사역·133 / 성령의 회상사역·135
성령의 다른 사역들 ·· 136
    성령의 영감의 사역·136 / 성령의 책망의 사역·137
    성령의 내주의 사역·137
맺는말 ·· 139
  ※ 참고문헌 / 141

서 론

 한국에 기독교 선교가 시작된 지 1세기가 넘었다. 기독교의 선교는 문화적인 면에서 개화를 이루기 위해 노력하였고 특히 교회를 통한 교육사업에 크게 공헌하였다.
 '사람은 교육에 의하여 참 인간이 된다'는 칸트의 말처럼 사람은 태어나기 전부터 교육을 받을 수 있다. 이를 태내교육(Prenatal education)이라고 한다. 교육에 의하여 인격 형성이 이루어지고 있기 때문에 교육 인간인 것이다. 인간의 탄생은 태내교육의 완성이며 배 밖의 교육의 시작이다.
 인간을 인간답게 만드는 것은 인류 역사속의 문화적 가치관이 절대적으로 작용하는 것은 아니다.
 인류조상의 타락으로 전승되어 온 인간의 인간성 상실은 그 무엇으로도 회복할 수 없다.
 '초목은 경작에 의하여, 사람은 교육에 의하여 만들어진다'고 한 루소(Rousseau)의 말과 같이, 과연 사람은 교육에 의하여 완성되는 것인가? 이것이 인간에게 해결되어야 할 근본문제이다. 신학적으로 인간은 죄의 문제가 예수 그리스도의 구속으로 말미암아 해결된 존재이다. 죄의 문제가 있는 곳에 예수 그리스도의 구속사적 의미가 있는 것이다. 따라서 본서에서는 기독교 교육의 개념과 역사적 고찰과 이에 따른 기독교적 입장에서 교육의 흐름과 목적 내지는 기독교 교육의 과제를 살펴봄으로 진정한 교육인간으로서의 과제를 살펴보고자 한다.

제1장
교육의 개념

또 네가 많은 증인 앞에서
내게 들은 바를 충성된 사람들에게 부탁하라
그들이 또 다른 사람들을 가르칠 수 있으리라(딤후 2:2)

제1장 교육의 개념

교육의 어의(語意)

　교육은 부모와 자녀, 교사와 학생, 경험자와 미경험자, 성숙자와 미성숙자 사이에 이루어지는 작용이다. 여기에는 두 가지 큰 힘이 작용되고 있다. 그 하나는 미숙한 생명체가 원래부터 지니고 있는 여러 가지 다양한 가능성(possibility) 즉, 선천적 소질을 내면으로부터 자연적으로 성장, 발육시키는 힘이며, 다른 하나는 성숙자인 부모나 교사들이 이미 계획된 방향에 의해 미성숙자들이 지닌 바 가능성을 최대한으로 발휘하게 하거나 어떤 방향이나 가능성에 장애가 되는 요소들을 억제하는 힘이다. 즉, 미숙자의 안에서 자연적 육성과 성숙자에 의한 외적인 교도(external instruction)라고 하는 이중적 작용으로 교육이 성립되는 것이다.
　교육의 어의를 살펴보면 영어로 'education'인데 원래의 교육이란 말은 라틴어 'educare'에서 유래된 것이다. 어원을 살펴보면 'e'와 'ducare'의 합성어인데 'e'는 'out'의 의미를 지니고 있으며 'ducare'는 'lead up' 또는 'bring up'의 의미를 지녀서 결국 'educare'는 '밖으로 끌어 낸다', '밖으로 인도해 낸다'는 의미를 가지고 있다.

이상의 말을 종합해서 정리하면 교육이란 인간 스스로 가지고 있는 발전 가능성, 즉 '자아 발전 가능성'을 외부의 힘에 의해 밖으로 이끌어 내어 전개하고 현실화하는 능력을 기르는 것이다. 즉, 일정한 목표(Goal)를 향해 도달하도록 자극하고 협조하며 방향지움을 통해 목표에 도달하므로 인격을 형성케 함을 교육의 사명으로 한다.

교육의 정의

어떠한 인문과학에 있어서나 특히 교육학에 있어서 교육에 대한 절대적인 정의는 내릴 수 없다. 왜냐하면 역사관과 사회관에 따라 그리고 문화관과 가치관에 따라 서로 다르게 나타나기 때문이다. 그러면 고대 그리스 시대로부터 현대에 이르기까지 몇 명의 학자들의 견해를 중심으로 교육에 대한 정의를 살펴보고 그 공통점을 찾아 보자.

플라톤(Plato, B.C. 427-347)

그는 관념론적 입장에서 교육을 논하고 있다.

플라톤은 현실 세계와 이성의 세계를 구별하여 이원론(dualism)을 주장했으며 눈으로 볼 수 있는 현실 세계보다 이성의 세계, 즉 이데아(idea)의 절대 불변하는 정신적 세계를 더욱 중요시하였다. 다시 말해서 이 이데아를 추구하고 이를 발전시켜 도야하는 것이 교육이며 플라톤의 교육에 대한 정의라고 할 수 있다.

코메니우스(J.A Comenius, A.D. 1592-1670)

코메니우스는 17세기의 위대한 교육자인데 그도 이상주의적인 관념론적 교육(idealistic education)을 주장하였다. 그는 교육의 방법은 자연경험에 입각하여 이루어져야 한다고 했다. 즉, 교육방법은 자연법칙에 따라야 한다는 전제하에 자연과 신과의 밀접한 관계를 인정하며, 교육의 궁극적 목적은 인간의 마음을 평화의 상징으로 신(神)에게 봉사할 수 있는 인격을 만드는 것이라고 했다.

루소(J.J Rousseau, 1712-1778)

루소는 '인간은 원죄를 가지고 태어난다'는 중세 기독교의 사상에 반대하는 "만물은 조물주의 손에서 태어날 때에는 모두 착하나 인간의 손에서 타락하여 악으로 변한다"는 성선설(性善說)에 입각한 자연주의적 교육을 주장하였다. 다시 말해서 교육은 인간의 자발적 발전을 위한 모든 조성작용이라고 하였으며, 개인의 발전은 자율적인 것으로서 교육은 다만 이 자율적인 길을 개척하는데 도움이 되는 것에서 그쳐야 한다고 주장했다.

페스탈로찌(J.H Pestalozzi, 1746-1827)

그는 중세기적 금욕주의를 부인하고 인간의 현실 생활에 가치가 있음을 지적하였다. 그의 교육의 핵심은 교육을 '사회의 계속적 개혁의 수단'으로 보고 의식적 자아(Conscious ego)나 자율적인 개인의 완성보다는 민족이나 국가의 발전, 또는 사회개조에 기여하는 것이 교육이라는 견해를 표명했다.

죤 듀이(J. Dewey, 1859-1952)

19세기 유명한 교육학자이다. 미국 개척사의 역사적 배경과 윌리암 제임스(William James)의 실용주의(Pragmatism)사상을 배경으로한 존 듀이의 진보주의(Progressivism) 교육의 근본이념에서 그의 교육사상을 볼 수 있다.

 진보주의 교육의 기본이념으로는 첫째가, 교육은 흥미가 있어야 한다는 것이다. 교육 그 자체가 생활과 무관한 흥미없는 것이라면 이미 교육에서 벗어났다는 것이다.

 둘째, 교육은 문제해결의 방법이라는 것이다. 문제란 'Problem' 'Pro'와 'blema'의 합성어이다. 즉 'Pro'는 '앞에' 'blema'는 '놓여 있다' 라는 뜻으로 앞에 놓여 있는 그 무엇에 대한 해결의 방안을 모색하는데 교육이 있다는 것이다. 예를 들면 사람이 평상시에 체내에 위장이 있다고 의식하고 사는 사람은 없다. 그러나 소화가 안되고 배가 아플 때 비로소 위장의 고장을 의식하며 복통으로부터의 해결을 모색하게 되는 것이다.

 셋째, 교육은 생활 그 자체라는 것이다. 교육이란 인생의 어느 한계선에서 이루어지는 것이 아니라 생활 그 자체가 교육이라는 것이다. 그러기에 듀이는 교육을 '계속적인 경험의 재구성'이라고 하였다.

 상술한 바와 같이 몇 명의 철학자들이 서로 다른 측면에서 교육을 정의하고 있음을 보았다. 그러나 여기에서 그들이 천명하고 있는 견해의 공통점은 교육은 일반적으로 인간을 대상으로 하는 인간형성의 과정을 말한다는 점이다. 즉 교육은 일보 전진하여 인간의 집단인 인간 사회를 보다 나아지도록 하는 개조의 수단이기도 하다는 것이다. 이러한 관점에서 교육을 정의해 보면 교육이란 결국 '바람직한 인간형성의 과정이며 보다 나아지도록 하는 사회개조를 위한 수단'이라고 규정지을 수 있을 것이다.

교육의 기능

고대로부터 근세에 이르기까지 교육의 흐름을 보면 개인의 완성을 교육의 이상으로 생각하는 측면과 사회를 개인보다 강조하는 측면을 볼 수 있다. 이로 보아 교육이란 개인과 사회를 떠나서는 생각할 수 없는 불가분리의 관계라고 할 수 있다. 현대 교육사회학자들은 교육의 기능을 사회화(Socialization)에 초점을 두고 있다. 이 사회화란 인간이 인간다운 인간으로 되어가는 과정을 말하는데 이것을 두 가지 측면에서 볼 수 있다.

그 첫째가 개인에게 있어서 각자에게 특유한 자아성(personality)을 형성하는 것과, 그 둘째로는 사회면에 있어서 각 사회가 문화적 유산을 후세대에 전승하는 과정을 들 수 있다.

그러므로 교육의 기능을 다음 두 가지로 나누어 볼 수 있다.

인간형성의 기능

인격이란 고전의 개념에서는 지(知), 덕(德), 체(體)를, 전통적 개념에서는 지(知), 정(情), 의(意) 그리고 현대적 개념으로 신체적(Physical), 심리적(Psychological), 사회적(Social)인 것의 조화를 통해 개인의 모든 능력을 최대한 발전시켜서 창조적 인간을 형성하는 것에 있다. 이상의 개념들은 다음 몇 가지의 의미를 가지고 있다. 첫째, 복수의 의미를 가지고 있다. 나와 너라는 관계에서 우리라는 공동체의 산물을 들 수 있으며, 둘째로 가변적 요소와 불가변적 요소의 조화를 통해 인간의 가변적 요소와 무관하게 추상적 존재로, 전달에 있어서 단순한 전달이 아닌 발전시키는 과정을 의미한다.

사회적 기능(Social Function)

사회학자 에밀 뒤르껨(E. Durkeim)에 의하면 성인 세대가 아직 사회생활에 익숙하지 못한 젊은 세대에게 영향을 주는 작용으로서의 교육을 말하고 있는데 이것은 어린 사회구성원에게 그 사회의 사회적 규범이나 가치관을 물려주고 지니게 하는 작용을 의미한다. 사회가 지속되기 위해서는 사회 문화적 전통(Sociocultural Tradition)과 유산이 필요한 것이다. 이러한 가치화된 문화유산(Cultural inheritance)은 어느 사회에 있어서나 교육을 통해서 길이 보존되고, 또 제대로 생활과 역사 속에 남겨 두려고 노력하는 것이다.

그런데 사회지속을 생각할 때에 자연적으로 지속되어가는 면과 의도적으로 지속시켜가는 양면을 살펴볼 수 있다. 자연적 지속이라 하면 관습, 도덕이라든가 혹은 생활양식 등 통제나 계획된 목적없이 자연히 전달 또는 지속되는 것을 말하는데 이것을 비형식적 교육이라고도 한다.

이에 대하여 의도적 지속이라고 하면 사회 존속을 위해 가장 긴요한 사회가치 또는 문화유산을 계획적으로 보존하고 전달해가는 노력을 의미한다. 자연적 지속 전달이나 의도적 지속 전달이 모두 문화를 창조, 축적 내지는 전달하는 교육적 행위라고 볼 때 자연적 지속은 넓은 의미의 혹은 무의도적 교육행위에 의해서 이루어질 수 있고, 의도적 지속은 좁은 의미의 유의도적 즉, 학교 교육의 결과로 이루어지는 현상이라고 규정지을 수 있다.

교육의 사회적 기능에 대해서 머스그레이브(P.W. Musgrave)는 다음 다섯 가지의 사실들을 제시하고 있다.

첫째, 사회의 주요 체제와 문화를 학교를 통하여 전달하고 지속시키는 보수적 욕구이다.
 둘째, 현대 생활 속에서 생존해 갈 수 있도록 사회변동을 주도해 갈 수 있는 개혁자의 양성이다.
 셋째, 민주사회의 모든 분야에 걸친 정치적 지도자의 양성이다.
 넷째, 교육과정을 통하여 전 인구 중에서 보다 유능한 사람을 선별하는 사회적 선발의 기능이다.
 다섯째, 현대 기술사회의 질적, 양적 수요에 부합될 수 있는 교육 받은 인력의 공급 등이다.
 이상에서 말한 바 교육의 사회적 기능 속에는 특정 사회의 존속을 위한 사회적, 정치적, 경제적 기능을 아울러 내포하고 있다는 사실이다.

교육의 목적

 교육의 목적이란 인간을 교육하는데 있어서의 행동의 지표 또는 목적이라고 규정지을 수 있다. 교육이 행동의 변화를 유발하여 바람직한 방향으로 인도하는 작용이라고 한다면 이러한 변화 속에는 어떠한 순서, 과정, 내용과 '도달하려고 하는 표적'이 분명하게 제시되어야 한다. 다시 말하자면, 목적을 설정하게 된 객관적 척도가 있어야 한다는 말이다. 아무런 방향과 예측도 없고, 궤도가 없는 교육이란 존재할 수 없다. 왜냐하면 인간은 사유하는 존재이기 때문이다.
 교육의 궁극적 목적은 개인에 있어서 그 개인이 지닌 인생관과 가치관을 일치시키는 일이다. 그 개인이 도달하고자 하는 목표를 가장 보람이 있다고 생각하는 방향으로 행동을 변화시킨다면 그에 따라 가치도 수반될 것이다. 과연 인간이 가지고 있는 궁극적 목적은 무엇인가? 그것은 반드시 보편성을 지녀야 하는데 아주 보편적인 말로서 '이상적 인간'이라고 할 수 있을 것이다.

교육의 궁극적 목적으로써 '이상적 인간', 즉 이상적인 개인이 될 때 그 개인은 이상적인 생활을 할 수 있으며 그 사회에 있는 각 성원들이 이상적인 생활을 할 때에는 자연적으로 이상적 사회가 될 것이다. 이러한 측면에서 이상적인 인간을 말할 때나 이상적 생활을 말할 때는 객관적 척도가 필요하게 되는 것이다.

첫째, 그 사람의 언어, 행동, 태도를 평가하게 되며,

둘째, 정서적 안정감이며,

셋째, 사회적인 요구를 고려하는 가치의식과 성취의식 등이며,

넷째, 지역성과 현실성이며,

다섯째, 시대성과 사회성이다.

상술한 것들은 인간의 이상적인 생활에 있어서 객관적으로 평가할 수 있는 기준이며 척도인 것이다.

민주적 인간(Democratic Human)

우리는 민주국가에 살고 있다. 그런데 진정한 민주국가란 국민이 국가에 선행하고, 국민 각 성원이 민주적인 인간이 되고, 그 사회에서 행하는 교육이 그러한 방향으로 실시되고, 행동양식이나 생활양식이 민주화 되었을 때를 말하며 그 성원인 인간도 민주적인 인간이라고 할 수 있다.

민주적인 인간을 위한 교육은 주권자, 또는 지도자의 양성을 목표로 하고 있다. 우리의 일반교육이 지향하는 바는 개성과 능력을 최대한으로 발휘할 수 있도록 하기 때문에 누구나 지도자가 될 수

있고 주권자가 될 수 있다고 생각한다.

여기서 요구하는 지도자는 자기 자신을 투신할 수 있고, 책임있으며, 모든 추종자로부터 존경을 받을 수 있는 자이어야 하며, 집단의 적극적인 성원이 되는 동시에 활동자가 되어야 한다. 그러나 지도자의 양성도 중요하지만 피지도자를 위한 교육은 더욱 중요한 것이다.

인간은 인간이라는 사실에 있어서 평등한 위치를 가지며 인간이 인간으로서 독특한 존엄성을 가지고 출생하였다. 인간은 수단으로 취급되지 않고 목적으로 대우를 받을 때 인간의 존엄성이 인정되는 것이다.

어느 개인이 자기의 직책에 대한 상하를 문제삼고 사회계층의 우열을 문제삼아 인간본연의 자세마저 부정한다면 민주사회의 국민은 아니다. 이러한 관점에서 교육을 통하여 인간상호간의 인격적 존엄성을 인정하기 위한 의식적인 교육이 필요한 것이다.

민주사회에서는 자유로운 사고나 행동을 희구한다. 이와 같은 모든 자유를 우리가 향유할 수 있는가 하는 문제는 '자유'라는 개념을 명백히 인식함으로써 알 수 있는 것이다.

자유는 자율과 자주와 통한다. 진정한 자유는 타인의 자유를 인정하는 범위 내에서 자유이며 자신의 책임과 의무를 충실히 이행하는 데서 오는 자유이다. 이러한 자유인을 육성하는 교육은 '되는 대로의 자유인의 교육'이 아니라 '승화된 반성적 자유'를 향유하는 교육인 것이다.

지성적 인간(Intellectual Human)

현대 문명의 매우 복잡한 조류 속에서는 자신의 '자아'를 자각하고 자신의 위치를 인식하고 살아간다는 것은 매우 어렵다. 그리하여 인간은 자아상실의 위기를 맞게 된다. 그러나 이러한 상황 가운데 존재할지라도 아무렇게 사고하고 행동하고 판단할 수는 없다. 인간은 지성적인 사고와 행동과 판단을 할 수 있어야 한다. 지성적 인간이란 이성적이고 합리적이며 과학적인 두뇌를 가진 인간을 말한다. 물론 지성 그 자체는 지식의 수용능력을 의미하고 있으나 그것은 단순히 수용능력만을 의미하는 것이 아니고 수용된 지식으로 합리적, 과학적 사고에 의한 행동의 변화까지를 의미한다. 일반적 교육이 지향하고 있는 것은 바로 이러한 행동의 변화를 지성적으로 할 수 있도록 인간을 육성하는 것이다.

사회적 인간(Social Human)

인간은 생물적, 사회적 존재이다. 하나의 생물로서의 인간 개체는 사회와 문화를 형성하고 있으며, 그들이 형성한 사회에서 행동하고 성장할 수 있는 방법을 그 사회성원(社會成員)에게 가르치고 있는 셈이다.

환언하면, 모든 일반적 교육은 청소년들이 출생 이전에 배우지 못한 그들의 지식, 기능, 태도, 신조를 전달하고 있는 것이다. 이와 같은 사회적 존재로서의 인간은 그 사회에서 기대하는 행동양식을 배우고 있는 것이다. 우리가 현재 배우고 있는 문화재는 인류가 가지고 온 사회적 전통인 동시에 사회적 유산인 공유물이다. 이러한 공유물에 대한 학습이 없이는 사회에 적응할 수도 없고 동화할 수도 없다. 이와 같이 사회적인 인간 육성이란 그들의 성장에 있어서 발달의 기반이 되는 그 지역 사회에서 완전히 그들의 삶을 영위할 수 있는 인간을 교육하는 것을 말하는 것이다.

조화적 인간(Harmonious Human)

현대문명은 고도의 문명인을 창조하고 있다고 한다. 이 말은 과학의 급진적인 발달에 따라 인간의 직업이 세분화 되므로 자기 전문분야 이외에는 알기도 어렵고 또한 알려고도 하지 않는 배타적인 경향을 보이는 극히 편협된 인간을 지칭하고 있다. 결국, 인간이 인간 본래의 자기의 위치를 상실하고 기술의 노예가 되어버린다는 것이다. 교육은 부분적인 인간을 만드는 것이 아니라 전인적 인간(whole man)을 만들고 있고 조화적인 인간으로 양성하고 있는 것이다. 인간이 문명의 발달로 인하여 모든 분야에 참여할 수 없을지라도 인간성마저 부정된 문명은 요구하지 않을 것이다. 조화는 또한 인간사의 전체의 조화뿐만 아니라 인간 개체의 전인적인 조화도 의미하는 것이다. 개인의 조화란 건강한 신체와 정신을 포함한다. 이러한 건강과 더불어 지(知)·정(情)·의(意)의 균형적인 발달이나 진(眞)·선(善)·미(美)·성(聖)의 가치를 추구하는 것을 의미하고 있다. 이와 같이 조화적 인간이란 전인적인 인간의 구현을 말하는 것이다.

【 생각해 볼 문제 】

1. 교육이란 말의 뜻은 무엇인가?
2. 고대로부터 학자들은 교육의 정의와 목적을 어떻게 정리하였는가?
3. 교육의 기능은 무엇인가?
4. 교육의 사회적 기능은 무엇인가?
5. 교육의 궁극적 목적은 무엇인가?

자기의 육체를 위하여 심는 자는
육체로부터 썩어질 것을 거두고
성령을 위하여 심는 자는
성령으로부터 영생을 거두리라(갈 6:8)

제 2 장
기독교 교육의 의의

일을 행하시는 여호와, 그것을 만들며 성취하시는 여호와, 그의 이름을 여호와라 하는 이가 이와 같이 이르시도다(렘 33:2)

제2장 기독교 교육의 의의

 기독교 교육이란 말은 종교 교육이란 말로 시작되었다. 그러나 종교라는 광범위한 용어보다는 구체적이며 확실한 의미를 구현하기 위해 기독교 교육이란 말로 구체화 되었다. 그 후 주일학교 교육이란 말로 사용하다가 주일학교 교육의 장이 되는 교회의 의미를 높이기 위해 근래에 와서는 교회학교 교육이란 말로 많이 사용하게 되었다. 교회학교는 물론 교회를 기반으로 하는 교회의 기능 가운데 하나이다. 여기서 교회의 기능을 살펴보기로 하자.

교회의 기능

교회의 기본적인 기능은 다음 네 가지로 구분할 수 있다.

예배(Worship)
교회에 있어서 우선되는 것으로 예배를 빼 놓을 수 없다.
 예배란 하나님과의 만남을 기초로 하고 있다. 인류 조상의 원죄로 인해 타락한 인간이 하나님과 만난다는 것은 불가능한 일이다. 하나님을 본 자는 즉시 죽는다고 성경은 말하고 있다(신 5:26). 그렇기 때문에 구약시대에는 하나님께 나아가는 자는 희생의 제물을 드림으로 죄의 속함을 받았다. 이것이 곧 제사인데 구약에 있어서의 제사가 곧 예배인 것이다.

구약시대에 나타난 제사에는 헌신을 의미하는 '번제'와 속죄 즉 죄 사함을 의미하는 '속죄제', 실수로 범한 고의가 아닌 죄의 속함을 위한 '속건제'와 하나님께 죄 사함을 통해 화평을 찾는 '화목제', 감사를 뜻하는 '소제' 등 5대 제사가 있다. 이러한 제사 제도가 신약시대에 와서 예배 행위로 바뀌었다.

"그러므로 형제들아 내가 하나님의 모든 자비하심으로 너희를 권하노니 너희 몸을 하나님이 기뻐하시는 거룩한 산 제물로 드리라 이는 너희가 드릴 영적 예배니라"(롬 12:1)

예배라는 말 '레이투르기아(λειτουγια)'가 뜻하는 바는 '섬긴다', '섬기는 예법'이란 말인데 이는 고용된 종(a hired servant)이 주인에게 봉사하는 의미로서 죄악에서 구원받은 사람이 구원하신 전능하신 하나님께 무릎을 꿇고 부복하여 섬기는 것이다. 구원의 은총을 감사하며 전적으로 헌신하는 마음으로 섬기며 봉사하며 찬양과 기도를 통해 영광을 돌리는 것이다.

전도(Evangelism)

사람은 태어나면서 모두 모종의 사명을 가지고 태어난다고 한다. 이 사명은 바로 예수를 믿는 그 순간 받게 되는 전도의 사명을 가리킨다고 할 수 있다.

성령이 임하시면 권능을 받고 땅 끝까지 이르러 내 증인이 되리라(행 1:8) 하신 예수님의 분부대로 "증인이 되라" 즉 성령으로 말미암아 예수를 영접하고 교회의 일원이 되면 곧 증인이 되리라고 하였다.

전도에 대하여 스위제이 박사(Dr. Sweazey)는 네 개의 C를 말하였다.

첫째, 접촉(Contact)이다. 전도에는 우선 만남, 접촉이 필요하다.

둘째, 배양(Cultivation)이다. 전도의 씨앗을 뿌렸으면 잘 자라도록 키워야 한다는 것이다.

셋째, 위임(Commitment)이다. 전도하여 새신자가 되었으면 교회에서 봉사할 수 있는 일을 맡겨야 하는 것이다. 일을 하지 않으면 믿음이 약해지기 때문이다.

넷째, 보존(Conservation)이다. 주님이 오실 때까지 오래도록 믿음을 지켜나가도록 하는 것이다.

전도는 때를 얻든지 못 얻든지 시와 때를 가리지 말고 사명으로 해야 한다.

교제(Fellowship)

흔히들 성도의 교제란 가시적인 친교를 위한 어떤 모임 행사만을 생각하기 쉽다. 그러나 보다 깊은 의미에서의 교제는 하나님과 인간이 죄로 말미암아 관계가 단절되므로 인간관계에서도 원수가 되었다고 보아야 한다. 범죄한 아담 이후 하나님과 인간 사이에 죄가 들어옴으로 사람들 사이도 멀어졌으니 그 예가 가인과 아벨의 경우이다. 형제간에도 살인이라는 무서운 결과를 가져온 것이다. 그러나 이제는 하나님과 사람 사이에 죄로 말미암아 단절된 그 곳에 예수 그리스도의 구속의 피가 죄 문제를 해결하므로 하나님과의 관계가 회복되었고 자녀가 되었다. 그리고 사람들 사이의 관계도 개선되어 그리스도 안에서 한 형제, 자매가 되는 것이다.

교회에서의 교제의 참 의미는 성찬예식에서 찾아볼 수 있다. 예수 그리스도 안에서 진정한 성도간의 교제를 성찬을 통해 깨닫게 된다. 보편적으로 성찬에 동참하는 형제, 자매들은 떡과 잔을 들면서 위로 예수 그리스도의 고난과 희생을 감사하며 수직적인 관계에서 감격하며 눈물을 흘린다. 그러나 성찬을 통한 성도의 교제란 수직적인 관계도 중요하지만 그것과 마찬가지로 소중하게 여겨야 하는 것이 수평적인 관계이다. 다시 말해서 성찬에 동참하는 옆에 앉은 성도와의 관계를 깊이 생각해야 하는 것이다. 같이 떡을 떼며 잔을 나누는 형제, 자매인데 어찌 미움과 시기와 다툼이 있을 수 있겠는가?

성도의 교제는 성찬을 통한 일체감에서 더욱 거룩하게 새로워지는 것이다.

교육(Education)

교회의 예배, 전도, 교제의 참 행위는 바른 교육에 의하여 이루어진다. 사도행전을 가리켜 성령행전이라고 하며, 사도행전에서 초대교회의 발전과 교회의 참 모습을 찾아볼 수 있다. 그런데 초대교회의 참 부흥의 모습은 성령의 강한 역사이며, 이 강한 역사를 뒷받침하는 것이 말씀 운동이다. "그들이 사도의 가르침을 받아"(행 2:42), "하나님의 말씀이 점점 왕성하여"(행 6:7) 사도행전의 교회 부흥운동은 말씀 운동이다. 그러기에 예수님의 마지막 분부와 축복의 말씀을 보면 "내가 너희에게 분부한 모든 것을 가르쳐 지키게 하라" 하시며 세상 끝날까지 함께하시겠다고 약속하셨다.

기독교 교육의 기본개념

전 장에서 이미 말한바 교육이란 인간 모두에게 내재된 자아 발전 가능성을 밖으로 이끌어내어 전개하고 현실화할 수 있도록 그 능력을 길러 일정한 목표에 도달하기까지 자극과 협조와 방향 지음을 통해 인격을 형성하는 것을 의미한다고 하였다. 이를 기독교적 의미에서 풀이하면 기독교 교육이란 인간 속에 내재된 하나님의 형상 즉 하나님께 나아가고자 하는 종교심을 밖으로 이끌어내어 전개하고 현실화하는 능력을 길러 일정한 목표 즉 하나님과의 만남을 위해 자극(기도)과 협력(성령)과 방향 지음(성경, 시 119:52)을 통해 하나님께 나아가 만남으로 그리스도의 인격을 형성하게 하는 것이라고 말할 수 있다.

하나님을 찾아 바로 나아가야 할 종교심이 다른 길로 빠져 하나님 아닌 것을 하나님이라고 만들어 섬기는 것을 죄(하마르티아)라고 하는데 죄라는 말의 뜻은 화살이 바로 적중하지 않고 빗나갔다는 뜻이다. 종교심의 화살이 하나님께 맞지 않고 빗나가 생긴 것이 금송아지와 같은 우상이며, 이는 하나님의 노여움을 사는 결과가 되었다.

하나님을 하나님으로 섬기지 않음이 인간의 타락된 죄의 모습이지만, 그보다 하나님이 아닌 자연의 그 어떤 것이든 하나님으로 섬김이 더 큰 죄가 되는 것이다.

기독교 교육의 기본 원리는 인간 안에 내재된 종교심을 올바로 이끌어 유일신 곧 살아 계신 하나님께 나아가 그리스도의 인격을 형성케 함으로 구속의 의미를 바르게 이룩함에 있다.

【 생각해 볼 문제 】

1. 교회의 기본적인 사명은 무엇인가?
2. 예배란 무엇인가?
3. 우리는 전도를 어떻게 해야 할까?
4. 교제의 참 의미는 무엇인가?
5. 기독교 교육의 목적은 무엇인가?
6. 기독교 교육의 근본적인 원리는 무엇인가?

제 3 장
기독교 교육 목적론

**마땅히 행할 길을 아이에게 가르치라
그리하면 늙어도 그것을 떠나지 아니하리라**(잠 22:6)

제3장 기독교교육 목적론

교육의 목적은 교육이 일정한 목적에 의하여 계획되며 그것을 향하여 나아가야 할 기본적인 방향 또는 지침을 말한다. 이러한 지침 또는 방향들은 시대적으로 많은 변화가 있었다. 오늘날 급변하는 사회 속에서는 더욱 그러하다. 토마스 쿤의 '페러다임의 변화'라는 이야기에서도 그 변화의 양상을 볼 수 있다. 즉 근본적으로 변화를 거듭하고 있다는 것이다. 이러한 관점에서 교육 목적을 살펴보고자 한다.

교육 목적은 의도적이며 계획적인 것으로 교육의 특성상 필요한 것이다. 오랜 세월에 걸쳐 발전하고 변화하는 모든 가치 가운데 교육 목적도 예외일 수 없다. 그런 의미에서 교육 목적의 역사적 흐름을 일반 교육과 기독교 교육 두 측면에서 고찰해 보기로 하자

일반 교육 목적의 역사적 고찰

고대 희랍의 교육 목적

근대 이전의 사회에서는 교육을 특정한 신분이라든가 특수 계급에 따라서 차별적으로 시켰으므로 교육 목적도 그 신분 집단의 생활상에 맞추어서 정했던 것이다.

고대 희랍의 스파르타 교육은 군국주의 국가관에 입각한 유능한 군인을 양성하여 전쟁에서 승리하기 위한 강한 국민을 양육함이 목적이었기 때문에 국민의 자격 기준도 성장하는 어린 시절부터 심한 체벌을 하여 극복하는 힘을 통해 국민의 자격을 부여하는 예가 많았다. 지금도 운동 선수들에게 강한 극기력을 키우기 위해 가하는 강한 훈련을 스파르타식 훈련이라고 한다.

고대 희랍의 교육 가운데 아테네 교육은 개인의 인격을 존중하는 교육으로 개인주의와 자유주의 입장에서 진, 선, 미를 추구하는 인간성 배양을 위한 선량한 시민 양성에 목적을 두고 있다.

소크라테스(Socrates, B.C. 469-399)

소크라테스의 교육철학의 초점은 선을 추구하는 데 있다. 그가 추구하는 선의 개념에서 '선은 악의 반대'라고 규정지었다. 여기서 그가 말하는 '악'이란 곧 '무지'라고 하였다. 악은 곧 '무지'이기 때문에 무지를 제거하는 지혜를 사랑하는 것이 목적이라 하였다. '지혜를 사랑한다는 말'은 헬라어로 '필로소피아($\phi\iota\lambda\omega\sigma\rho\iota\alpha$)'이다. 즉 사랑한다는 뜻의 '필로($\varphi\iota\lambda\omega$)'와 지혜라는 뜻의 '소피아($\sigma\omega\varphi\iota\alpha$)'가 합하여 필로소피아 즉 철학이라는 말이 되었다. 소크라테스에게 있어서 교육의 목적은 악(무지)을 제거하고 진리를 발견하는 것이라고 본다.

플라톤(Plato, B.C. 427-347)

플라톤은 귀족 출신으로 20세부터 소크라테스의 문하에서 8년간 교육받았다. 388년 아테네에 아카데미아를 설립하였고 피타고라스(Pythagoras, B.C. 580~500)의 영향을 받아 "기하학을 모르는 자는 들어오지 말라"라고 학교 정문에 글을 붙여 놓았다고 한다. 그는 우주의 실재를 이데아(Idea)에서 찾음에 초점을 두고 있다. 그의 교육론은 국가관에서 잘 표현되고 있다.

플라톤은 국가편에서 국가성원의 구성을 정치가, 철인을 금에 속한 자(man of Gold)라고 하였다. 금에 속한 자는 '지혜'가 목적이고, 은에 속한 자(man of Silver)는 수호자, 군인으로서 그의 덕은 '용기'라고 하였다. 다음으로 생산자인 서민의 계급(철에 속한자)으로 이들에게는 '절제'의 내용으로 교육 목적을 정한 것, 즉 지혜, 용기, 절제의 세 가지 덕을 갖춘 것을 공정의 덕(公正의 德), 즉 플라톤(Plato)의 네 가지 덕이라고 한다.

구체적으로 플라톤의 교육 목적은 사회에 적응하는 개인적인 능력 및 자격을 발견하고, 덕과 시민의 능력을 발전시켜 유능한 시민, 즉 가치, 지혜, 봉사, 정치적 지도력을 높이는데 두고 있다.

아리스토텔레스(Aristoteles, B.C. 384-322)

아리스토텔레스는 마케도니아의 시의(侍醫)의 아들로 출생하여 희랍의 전통을 따라 문예, 체육에 관한 교양을 풍부하게 받았다. 18세부터 20년 간 플라톤(Plato)의 사사를 받았고 왕실의 초빙을 받아 세자 알렉산더(Alexander)의 스승으로 4년간 일하다가 세자가 등극 후, 아테네에 돌아와 리케이온(Lyceion)에 학원을 창설하여 신학, 물리학, 수사학, 정치학 등을 강의하며 저술에 종사하였다.

아리스토텔레스는 플라톤의 이데아론의 관념을 배격하는, 이상주의에 대한 투쟁으로 물질주의를 발전시켰다. 그의 교육 목적은 이성적인 면을 교육적 가치에 두어 이성에 의한 행위를 주장하였고, 과학과 철학을 통하여 이성의 훈련을 강조하였다. 그는 인간의 모든 행동은 목적이 있다고 하였으며 긍극적인 목적은 행복에 있다고 하였다. 목적은 목적을 낳고 그 목적은 다시 목적을 위한 것인데 궁극적인 목적은 행복이라는 것이다. 이 행복의 추구 방법은 물질적인 것이 아니라 중용(中庸)이란 덕, 즉 다시 말해서 이성을 통한 중용의 덕을 통해서 행복을 얻는다고 하였다. 중용이란 자기 위치를 바로 알아 여기에 적응하는 행동 즉, 자기 분수에 맞도록 상, 하 조절하는 행동이라고 하였다.

고대 로마의 교육 목적

로마에서 일어나서 이탈리아 반도와 지중해 연안을 중심으로 고대 서양의 최대 제국을 건설한 로마는 주후 395년에 제국이 동서로 분열되어 서로마 제국이 476년에 멸망하였고 동로마제국은 1453년까지 존속하였다. 일반적으로 로마인의 국민성을 다음과 같이 말한다.

첫째로 실용적이며 현실적이다.
주관적인 지(知)에 만족하지 않고 외적(外的) 활동성 즉 외적 대상을 향해 노력하는 현실적인 국민성이다. 희랍이 사색적 이상인데 비해 로마는 실제적 활동을 강조하며 세속적인 건물과 정치적인 면에서 법으로 지배하려고 하는 공리적 국민이다.

둘째로 모방성이 강한 민족이었다.
영웅전을 선호하며 조상 숭배가 강한 민족이다. 그로 인해 독창력이 약한 것도 있었다.

셋째로 도덕과 준법정신이 강한 점이다.
그들에게 십이동판법(The Law of Twelve Tables) 또는 시민법이 있었고 연장자나 부모를 공경하므로 애국심이 생긴다고 믿었다.

넷째로 웅변을 좋아하는 변론적인 국민이다.
정치나 사회 조직에 있어서 자유 토론에 의하여 행하는 웅변적인 국민성임을 들 수 있다.

로마의 역사는 희랍을 정복하는 주전 146년을 기점으로 정복 이전의 공화정 시대와 B.C. 27부터 주후 476년까지 제정 시대로 구분될 수 있다.

희랍 정복 이전 다시 말해서 희랍의 문화가 들어 오기 전 공화정 시대의 교육은 엄한 가정교육이 중심이었다. 순종, 겸손, 성실, 인내, 용기를 덕으로 삼고, 신체적 단련으로 유희, 창던지기, 승마, 수영을 하였으며, 읽기, 쓰기, 셈하기, 법률을 통해 지적 교육을 삼았다.

일반적으로 애국적, 종교적, 도덕적 교육을 하는 공립학교는 없었고 사립학교를 통해 초등학교(Ludus), 문법학교(School of Grammaticus), 수사학교(School of Rheter)가 있었고, 읽기, 쓰기를 가르치는 독서 교사로 리토라토(Literator)와 셈을 가르치는 카르크라토(Calculator)가 있어서 교육 목적은 용감한 병사, 의미 관념이 강한 국민을 양성함에 있었다. 교육 내용으로는 읽기, 쓰기, 셈하기 등 3R이 있다. 즉, 읽기(Reading), 쓰기(Writting), 셈하기(Reckoning) 등 3R과 십이동판법(The Law of 12 Tables)과 스포츠(Sports)인데 로마에서는 특히 십이동판법을 가장 중요하게 여겼다. 여기에는 부모가 자식에 대한 권리, 남자가 여자에 대한 권리, 주인이 노예에 대한 권리, 자유민 상호간 계약과 또는 상실에 대한 권리, 소유권에 대한 각자의 권리의 내용으로 되어 있다.

B.C. 27 - A.D. 476까지를 제정 시대라고 한다. 이 시대는 아우구스투스(Augustus)가 정권을 장악하고 제정 시대에 들어서면서 외부로부터 침공이 없었고 비교적 안일한 생활에서 오는 로마

의 타락을 보게 되었다. 가정윤리는 파괴되고 자유결혼과 이혼율이 높아졌고 사회적으로는 쾌락, 개인주의가 성행하여 살육이 일어났고 교육계도 물질적 보수에만 눈이 어두워 가정교육과 사회교육의 몰락을 가져왔다. 그러나 학교교육은 존속하여 특히 3R 교육과 초등, 중등, 고등교육과 철학학교를 통한 학교교육을 통해서 지적 발전과 언어의 능력을 키우는 웅변가를 양성하는 교육이 성행했다.

로마 시대에 학교발전의 요인으로는 교사에 대한 특혜가 있었다는 것이다. 그 특혜로 교사에 대한 봉급을 국고에서 지불하였고 교사에 대한 세금과 병역을 면제해 주었다.

중세의 교육 목적

로마에서는 네로 황제의 기독교에 대한 무서운 탄압이 계속되다가 주후 313년에 콘스탄틴 황제가 기독교를 공인하고, 데오도시우스 황제가 346년에 국교화하게 되므로 역사는 바뀌었다. 이후부터 로마의 전성 시대가 시작되었다. 그리고 주후 1517년 마틴 루터가 종교를 개혁하는 그 시기까지를 중세기로 본다.

중세기의 사회상은 로마의 전성으로 인한 사회의 부패를 몰고 왔고 이 시기를 다른 말로 암흑 시대라고도 한다.

정치적으로 황제 숭배사상이 일어났고 영토 확장과 종교주의 정책으로 기독교가 급속도로 발전하여 강력한 카톨릭 교회정치가 생기게 되었다.

중세기의 흐름은 기독교의 전성 시대라고 본다. 게르만 민족의 침공으로 로마 제국은 망하였으나 로마 카톨릭 교회만은 정신적으로 게르만을 교화하는 역할을 하였다. 중세기의 교육은 고대 교육과 비교해 볼 때 로마의 고대 인본적 주지주의에서 신본적 주정주의 교육으로 기독교의 사상을 강조하였다. 하나님께 귀의하므로 내세를 추구하는 초현세주의 교육과 사해동포 박애주의를 통한 인간 존엄의 보존 및 사회와 가족의 결합을 목적으로 하는 교육이 중세기의 교육이었다.

중세기에 있어서 교육기관으로는 이교도들에 대한 교화과정으로 2년 내지 3년 과정의 문답형식으로 하는 카테큐메널 스쿨(Catechumenal school)이 있고, 기독교의 보다 깊은 이해를 위한 신학교 형식의 카테케티칼 스쿨(Catechetical school)이 있다. 물론 이곳에서는 신학 외에 철학, 자연과학, 수사학(修辭學), 천문학, 수학, 문학, 역사 등을 교육하였다. 다음으로 교회의 지도자, 성직자를 양성하는 기관으로 캐더드롤 스쿨(Cathedral school) 일명 에피스코팔 스쿨(Episcopal school) 즉, 감독학교라고도 하는 교육기관이 있다. 그러나 중세기에 있어서 대표적인 교육은 수도원의 교육으로 모나스틱 스쿨(Monastic school)이 있다. 이는 529년 베네딕트(Benedict, 480 - 543)가 로마의 부패한 생활을 청산하고 나포리 근처 몽드 카지노(Monte Cassino) 산 위에 수도원을 창설한 데서 시작되었다. 이는 카톨릭의 승려 지망생을 교육하는 기관으로 5, 6세에 입학하여 15세까지 수도하는 내교(School interior)와 일반인 수도를 위한 외교(School exterior)로 구분하였는데, 모나스틱 스쿨(Monastic school)에서는 엄격한 훈련과 단식, 고행을 통한 수도와, 교과 내용으로 초등과정에서는 3R(독, 서, 산)과 음악, 라틴어를 교육하였고, 고등과정에서는 칠자유학(七自由學 : 산수, 기하, 천문학, 음악의 4학과 문법, 수사학, 논리학의 3학과를 7자유학이라고 한다)과 신학을 교육하였다.

중세기의 계급은 기사계급과 승려계급, 그리고 농민으로 구분다. 이 시기에 혼란한 제도와 봉건제도의 등장으로 귀족뿐 아니라 교황, 군주, 수도원 등은 각기 사유화의 영향으로 토지의 소영주가 되었다. 영토 보존을 위해 기사계급이 생겼고, 이 기사들에게는 기사교육이 필수가 되었다.

기사교육으로는 7-13세까지를 시동(侍童, Page)이라고 하는데 수습기사로서 상류사회의 풍습, 사회의 예법을 교육하였고, 14-20세까지를 시종(侍從, Squire)이라 했는데 이 시기에는 칠예(七藝) 즉, 승마, 활쏘기, 수영, 검술, 사냥, 장기, 글짓기를 교육하고, 21세 때 장엄한 의식하에 군주가 명명하여 기사가 탄생하게 된다.

기사가 될 때는 교회를 보호하고 군주에게 복종하며 약자를 돕는다는 유혈충성(流血忠誠)으로 다짐하며 기사 명명때의 복장은 순결을 의미하는 흰옷과 종교와 피를 상징하는 붉은 색으로 안쪽을 그리고 죽음을 뜻하는 검은 옷을 겉옷으로 입게 된다. 이들 기사에는 엄격한 계율이 있는데 이것을 기사의 십계(十戒, The Ten Commandment)라고 한다.

①기도하는 것 ②죄악을 피할 것 ③교회를 지킬 것 ④과부와 고아를 보호할 것 ⑤여행 ⑥충성스런 전쟁 수행 ⑦귀부인이나 숙녀를 위하여 싸우는 것 ⑧정의를 지킬 것 ⑨하나님을 사랑할 것 ⑩진실하고 성실한 사람의 말을 들을 것 등이다.

중세기에 있어서 빼놓을 수 없는 것이 있다면 시민교육과 대학교육이다.

중세기 사회상은 자유경제와 십자군의 원정으로 상업과 무역이 발달하였고 그로 인해 도시 공동체가 구성되면서 도시 집중으로 변화하게 되었다. 장원에서 도망한 농도들이 일 년이 지나면 자유인이 되기 때문에 도시 문화가 발달하게 되었고, 이에 신흥 시민이 원하는 교육은 종래의 승려, 귀족, 기사교육을 지양하고 직업적이고 생산적인 교육이 필요하게 되었다. 이같은 의도하에서 설립된 것이 조합학교(Guild School)와 도시학교(City School)이다.

조합학교

도시 상공업자들의 자녀를 위한 학교로써 Latin학교 (대학예비를 위한, 주로 경제적으로 부요한 자녀들을 위한 것)와 직업학교 (비교적 가난한 자녀들을 위한 3R 교육을 위한 학교)로 구분할 수 있다.

도시학교

도시민의 교육기관으로 중세 말엽까지 있었다. 이것도 라틴학교(문법학교)와 습자학교로 구분한다. 그런데 중등교육의 기초라고 할 수 있는 라틴학교는 시민의 요구와 실생활에 맞지 않아 인정을 받지 못하여 시민의 요구에 맞는 사립학교(습자학교)가 세워졌다. 서민을 위한 초등교육기관으로 습자학교가 세워졌지만 이와 같은 교육제도와는 달리 상공업자들의 자녀를 위한 비형식적 교육기관인 도제교육기관이라는 것도 있었다.

도제교육기관(徒弟敎育機關)은 아래와 같이 3단계로 구분한다.

첫 단계는 도제(徒弟, Apprentice, 견습공) 단계이다. Master에게 7년간 고된 정신과 단련을 통한 절대 복종으로 기술교육을 받는다.

두 번째 단계는 장인(Journey man) 단계이다. 도제교육을 마치면 직공으로 승격하는데 Master에게 구속되지 않고 다른 Master에게 갈 수 있고 임금을 받는다. 가정생활이 가능하며 여

행하면서 높은 기술을 습득할 수 있으며 도제 지도에 필요한 교양 습득이 가능하다. 이와 같은 2단계의 과정을 마치면 세 번째 단계에 이르게 된다. 세 번째는 마스터(Master) 단계이다. 마스터가 되면 제자 교육을 하며 3R과 상공업 기술 교육을 한다.

다음으로 중세기에 있어서 대학교육을 살펴보기로 하자.

시대적 배경으로 중세기 초기의 교회는 신앙제도와 동시에 학문 연구를 위한 세속교육을 담당하였다. 그러나 11세기 이후 시민정신, 시민문화의 발달로 종래 수도원의 교육보다 한층 높은 학문을 요구하게 되었고, 길드 사회의 영향과 십자군의 원정과 사라센 문화의 접촉으로 길드는 대학의 원조가 되었다. 대학(Universitas university)이란 말 자체가 조합이란 의미를 내포하고 있다.

법학 또는 의학의 교사가 있는 곳에 학생이 모이고 공동생활을 위하여 협동체를 구성하였고, 12~13세기에는 각 도시에 경쟁적으로 대학을 설립하게 되었다.

최초의 대학은 이탈리아의 볼로냐 대학으로 법학도들이 운집한 학생들의 주동으로 시작되었고 법학으로 유명한 대학이다. 다음으로 파리 대학이다. 이는 이탈리아의 볼로냐 대학과는 달리 선생들의 주동으로 시작되었으며 중세의 모범적인 대학으로 신학과 철학의 총본산이라고 할 수 있다. 세 번째가 남쪽 이탈리아의 살레르노 대학이다. 이 대학은 의학으로 유명하다. 다음으로 옥스퍼드 대학이다. 이 대학은 의학으로 유명하다. 1167년 말 또는 1168년 초에 세워진 학교로서 교회와 관계없는 많은 학교와 연합으로 설립되었다. 당시 헨리 2세는 파리에 가 있던 많은 학자와 성직자를 소환하였고 특이한 것은 시 당국에서 독립 자치를 선언하게 되므로 시 당국(Town)과 대학 당국(Gown)의 대립이 오게 되었다. 다섯 번째로 캠브리지 대학이다. 옥스포드 대학의 학생, 교수들이 옥스포드 대학의 정통으로부터 새로운 피난처를 얻기 위하여 학자들에 의해 1209년에 성립되었는데 옥스포드나 캠브리지는 발달과정과 내용의 유사점이 많다는 것이다.

그 밖에 중세기의 유명한 대학으로는 나폴리 대학, 프라하 대학(1348), 비엔나 대학(1365), 하이델베르그 대학(1386) 등이다.

대학의 일반적 강의 용어는 라틴어를 사용하였으며, 7자유학(오늘날 대학 학문의 초석이 됨)과 학문적 직업, 즉 법률, 의학, 신학 등을 선택할 수 있게 되었다.

수업연한은 4-7,8년 간으로 일반적으로 옥스포드 대학의 경우 4년 간의 기본적 과정(문법, 산수, 수사학, 논리학, 음악)을 지난 후 적절한 시험을 통과한 후 학사학위(B.A)를 수여하고 3년간 인문학, 기하학, 천문학, 아리스토텔레스의 철학(윤리학, 형이상학, 자연과학)을 이수 후 석사 학위(M.A)를 수여하였으며 그 후에 박사과정도 생겼다. 대학에는 부여된 특권이 있었다.

① 교수, 학생에게는 병역, 무역, 세금의 면제 혜택이 주어졌다.
② 학교내 독립된 법정의 설립이다. 이것은 교회의 감독이나 국가의 사법권으로부터 치외법권적인 특권이었다.
③ 학위의 수여권이다. 학사(Bachelor), 석사(Master), 박사(Doctor)학위가 수여되었다.
④ 학장, 총장선출의 자치권을 지녔다.
⑤ 교수, 학생은 자유여행할 수 있는 신상의 보호와 자유가 있었다.
⑥ 여자는 대학 입학이 불허되었고, 남자는 입학의 특권이 주어졌다.
⑦ 대학이 다른 기관으로부터 명예나 독립이 침범당했다고 느낄

때는 언제나 그 기관과의 동맹을 끊을 수 있었다.

이상에서 ⑥을 제외한 모든 항목은 이념인 독립정신, 자유정신에서 나온 것이기 때문에 대학의 통제는 교회의 감독이나 국가의 법이 아니라 교수, 학생 스스로가 해야 하는 소위 '나라 가운데 나라(Imperium in imperio)' 라고 불리기도 했다.

중세 대학의 영향으로는 첫째, 대학이 지적 활동의 중심부가 되었기 때문에 정치적인 모든 문제에 대한 언론의 자유가 있었고 둘째, 고전 문화의 계승자 역할을 했으며 셋째, 르네상스의 선구적 역할(자유로운 학문 연구)을 하였다.

기독교 교육 목적의 역사적 고찰

구약시대의 교육 목적

인류 조상의 범죄로 말미암아 타락한 인간이 하나님의 형상대로 지음을 받은 것이 타락으로 하나님과 원수가 되었고, 하나님의 진노를 면할 수 없게 되었다. 그러나 하나님께서는 인류와의 관계를 다시 회복시키시고, 잃어버린 인간성을 회복하기 위한 방편으로 인류에게 율법을 주었고 구약시대에는 철저히 율법을 지킴으로 하나님께 나아가는 길을 찾게 되었다.

구약시대에 있어서 하나님 경외의 사상은 교육 헌장이라고 할 수 있는 신명기 6장 1-9절과 31장 12-13절에 잘 표현되어 있다.

"곧 백성의 남녀와 어린이와 네 성읍 안에 거류하는 타국인을 모으고 그들에게 듣고 배우고 네 하나님 여호와를 경외하며 이 율법의 모든 말씀을 지켜 행하게 하고 또 너희가 요단을 건너가서 차지할 땅에 거주할 동안에 이 말씀을 알지 못하는 그들의 자녀에게 듣고 네 하나님 여호와 경외하기를 배우게 할지니라"(신 31:12-13).

구약 시대의 교육은 철저히 율법을 읽고, 듣고, 남·여, 유치, 타국인까지 여호와를 경외하게 하며, 율법의 말씀을 지켜 행하게 하는데 그 목적을 두고 있다. 철저한 말씀을 배우고 가르쳐 행하게 함으로 하나님을 경외하게 하는 율법주의의 교육인 것이다.

예수님의 교육 목적

복음서에 나타난 예수님의 교훈을 종합하여 보면 그의 교육 목적을 다음과 같이 구분할 수 있다.

제일 중요한 교육 목적은 구원

요한복음 10장 10절에는 "생명을 얻고 더 풍성히 얻기 위함이다"라고 하였으며 누가복음 19:1-10에는 "잃어 버린 자를 찾아 구원하려 함"이라고 하였다. 주께서 세상에 오신 가장 첫째되는 목적이 죄를 회개케 하고 '그 영혼을 구원함'에 있기에 제자들을 택하여 사람을 낚는 어부가 되게 하셨으며 구원의 소중함을 말했다.

육체적 위안

예수님의 목적은 영혼 구원이 우선이다. 그러나 이것이 가장 큰 목적이지만 육체적 위안에도 목적이 있었다.

떡 다섯 개와 물고기 두 마리로 굶주린 백성의 문제를 해결시켰을 뿐 아니라 병든 자와 마귀들린 자를 고쳐주시며 현실 문제도 해결해 주셨다. 그의 가르치신 기도 가운데도 "오늘날 우리에게 일용할 양식을 주옵시고"란 표현이 있다. 예수님의 교훈은 믿음으로 구원받은 사람은 장래 천국의 소망이 있으니, 오늘의 배고픔과 병의 고통을 그대로 참고 소망의 나라만 바라보고 있으라고 하신 것이 아니라 육신의 문제, 질병의 고통도 함께 해결하신 것이다.

지적인 부요에 대한 관심

제자들의 잘못된 지식에 대한 깨우침이다. 요한복음 9장 1-12절에 나오는 실로암의 교훈이 바로 그런 것이다.
나면서 장님이 된 것이 부모의 죄값도 아니요 자신의 죄 때문도 아니라 아버지의 뜻을 나타내기 위함이라고 제자들의 물음에 확실한 대답과 이적을 보여 주었다.

감사생활

감사가 없는 사람에게 감사할 것을 가르친다. 누가복음 17:11-19에 나오는 열 사람의 한센병 환자가 모두 고침을 받았는데 한 사람만이 와서 감사할 때 예수님의 말씀이 "아홉은 다 어디 갔느냐?"하셨다. 진정한 감사와 감격과 헌신을 가르치기 위해 반문하신 것이다.

옳은 행위에 대한 강조

마태복음 19:16-22에 보면 부자 청년에게 하신 말씀에 "이웃에게 나누어 주고 나를 따르라" 특히 그의 산상보훈 끝부분에 가서 "듣고 행하는 자와 행하지 않는 자의 비유에서 반석 위의 집과 모래 위의 집으로 표현하였다.

예언의 성취

복음서에 나타난 사건에서 예수님의 말씀에 "경에 기록된 바" 예수님이 배신당하고 십자가에서 죽는 것도 예언된 말씀의 성취라고 하였다.

결론적으로 예수님의 교육 목적은 하나님 나라에 합당한 자로서 그리스도의 장성한 분량에까지 사람들을 성장시키는 것이었다. 그래서 앞에서 살펴본 여섯 가지의 교육 목적을 가지고 계셨던 것이다. 초대교회의 교육 목적은 예수님의 교육 목적에 초점이 맞추어져 있었다.

초대교회 시대의 교육 목적

신약시대에 들어서면서 초대교회의 교육 헌장은 마태복음 28장 19-21절 말씀이다. "그러므로 너희는 가서 모든 족속으로 제자를 삼아 아버지와 아들과 성령의 이름으로 세례를 주고 내가 너희에게 분부한 모든 것을 가르쳐 지키게 하라 볼지어다 내가 세상 끝 날까지 너희와 항상 함께 있으리라 하시니라".

이 말씀을 세 가지로 구분하면 첫째는 영혼의 구원이다. 모든 족속으로 제자를 삼아 삼위 하나님의 이름으로 세례를 주라는 것이다. 둘째는 하나님의 말씀의 가르침이다. "내가 너희에게 분부한 모든 것을 가르치라"에서 잘 볼 수 있다. 셋째는 그리스도인 생활의 훈련이다. 생활지도를 통해 말씀을 지키게 하라는 것이다.

중세의 교육 목적

A.D. 313년 콘스탄틴 황제에 의해 기독교가 로마제국의 인정을 받고, A.D. 367년에 아타나시우스는 정경(Canon)을 공식화시켰고, 이후 A.D. 381년에 데오도시우스(Theodosius) 황제가 기독교를 로마제국의 국교로 삼자 A.D. 397년의 교회회의에서 정경을 공식적으로 인정하였다. 이렇게 기독교가 인정받게 되자 기독교 교육의 양상은 큰 변화를 가져왔다. 이제 교회는 새신자를 얻기 위하여 더 이상의 집중적인 노력을 경주할 필요가 없게 되었다는 사실이다. 자동적으로 국민들이 기독교인이 되는 것이기 때문에 전 국민 교육에 교회가 힘을 써야 했다. 그런데 일반 대중계층은 대부분 교육을 받지 못한 사람들이었다. 이러한 대중계층에 대한 교육은 이러한 상황을 참작해서 자연히 상징을 통한 교육의 형태로 나타날 수밖에 없었다.

태로 나타날 수밖에 없었다.
 문맹자들에게 상징을 통해 신앙을 전달하는 교회의 통로는 그 당시의 상황으로 볼 때 필연적이었다. 그러나 그 교육은 자체 내에 큰 취약성을 지니고 있었다. 그것은 그 상징을 통해서 지시하고 있는 의미를 떠나 상징물 자체가 실체화되어 전혀 다른 효과를 거두게 될 경우가 있다는 것이다.
 그 당시에 유행했던 상징교육은 다음과 같다.

성례전 교육(sacrament education)
 상징을 통한 교육은 일반적으로 반복적인 방법이 중요시 되는데 '성찬'이라는 성례전을 중심으로 드렸던 당시의 예배는 교육적인 측면에서 볼 때 반복교육의 의미를 지닌다.

종교미술 교육(education of sacred fine art)
 당시의 대중들은 우수한 미술가가 창작한 미술 작품들로부터 신앙적인 감화를 받았으며, 신비롭게 조화된 교회의 건축양식 속에서 종교심이 고무되었다.

종교극 교육(education of the sacred drama)
 당시의 대중들은 성탄극, 수난극, 기적극(奇蹟劇) 등을 반복해 접함으로써 종교적인 진리를 배웠다.

순례 교육(Pilgrimage education)
 실체화된 성물(聖物)과 성역(聖域)을 참배하는 순례자적 고행의 길을 통해 종교심을 배양시켰다.

교회력 교육(education of the church calender)
 시간 전체가 구속 역사의 반복이라는 관점에서 교회력이 생겨났는데 이 교회력에 따라 반복적인 절기 및 행사를 통한 교육이 행해졌다.

이러한 중세교회의 상징교육은 중세기 말엽에 접어들면서 차츰 쇠퇴하기 시작했는데, 그 이유는 상징 그 자체가 지니고 있는 내재적인 모순때문이었고 또한 성당과 수도원에 부속된 학교들이 성장했고, 도시가 형성되면서 중세 대학들이 시작되었기 때문이었다.
중세의 공식 교육형태를 살펴보면 다음과 같다.

수도원 학교(monastic school)
교회는 종교회의를 통해서 중세기 초엽에 성직자를 지망하는 소년들에게 사원 학교에서 교육시키려고 했다. 그러나 중세기 교회에 의해 설립된 가장 중요한 학교는 바로 이 수도원 학교였다.

사원 학교(cathedral school)
이곳은 소장 신부들이 유숙하면서 선배 신부들의 지도를 받는 일종의 교역자 양성소였다.

외곽 학교(external school), 또는 문법 학교(the Grammar school)
이 학교는 교육 희망인구가 급증하게 됨으로 인해 A.D. 859년에 랑레스 회의에서 감독들에게 요청하여 설립된 것으로 성속(聖俗)을 통합한 새로운 교육 형태였다. 여기에는 성직자와 귀족 이외에도 각국에서 모여든 학생들이 공부할 수 있게 하였다. 교육내용은 의학, 법률학, 신학 등을 강의했다.

대학(university)
대학의 출현은 공식교육에 획기적인 계기가 되었다. 이 대학은 원래 대학 안에 학생들이 늘어나게 됨에 따라 형성된 것으로 교수와 학생들 사이에 세력의 긴장관계 유지를 위해서 학문조직이 생김에 따라 탄생하게 된 것이다.
원근 각처에서 모여든 학생들의 모임은 곧 일반 연구소로 알려

지게 되었는데 결과적으로 그들은 파리 대학과 같은 큰 대학으로 발전되었다.

　최초의 대학은 12세기의 이탈리아의 볼로냐 대학이며, 이는 법학을 위주로 교수하는 대학으로서 학생들의 조합이 주도권을 행사하던 형태였고, 거의 동시기에 생긴 파리 대학은 신학을 위주로 교수하는 대학으로서 교수들의 '학문조합'이 주도권을 행사했었다.

　이러한 대학의 출현은 사실상 전술한 바와 같이 수도원 학교, 사원학교, 그리고 문법학교에서 발전된 형태의 학교이다. 이 대학들의 위대한 공적은 14세기와 15세기 어간에 발생한 문예부흥운동을 주도한 지도자들을 훈련시킨 일이었다.

　당시 대학에서 배출한 인물로는 로져 베이컨(R. Bacon), 시성 단테(Dante), 패트라치(Petrarch), 위클리프(Wycliff), 죤 후스(J. Huss), 코페르니쿠스(Copernicus), 마틴 루터(M. Luter) 등이 있다.

　중세교회의 교육을 한마디로 정의하기는 매우 어렵다. 그러나 중세교육을 두 가지로 요약하면 교권확장의 수단으로 교육이 이용된 점과 성직자와 특수층 귀족에게만 교육기회를 부여했다는 약점이 있기는 하나, 반면에 풍성한 공식교육의 기틀을 마련했다는 점에서 높게 평가되어야 한다고 본다.

종교개혁기의 교육 목적

　12세기 말엽부터 중세기 동안에 형성된 철학과 교리와 교육의 구조가 변질될 수밖에 없는 심각한 도전이 시작되었다. 그것은 13세기에 절정을 이루었던 로마 카톨릭이 쇠퇴하기 시작하는 현상이었다. 로마 카톨릭의 쇠퇴의 원인 중의 하나는 로마 카톨릭 교회를 지도한 스콜라 철학자들이 참신한 사상에 그들의 생각을 개방시키지 못하고 오직 진리 형성의 방법을 연역적으로만 시도한 데 있었다. 연역적인 사고 방법은 이성의 활동을 제한시켰고 의미없는 논쟁만 일삼게 하였다. 정치·경제적 불만이 중대한 역작용을 가져올 기미가 태동하고 있었으며 아울러 종교적으로도 종교개혁이 단행될 징조들이 서서히 나타나기 시작하였다.

13세기 말엽부터 로마 카톨릭의 통치에 반대하는 많은 사람들이 나타났다. 교회의 부패가 격증되자 상대적으로 교회의 영적 생활은 최저의 수준으로 떨어졌다. 교회에 반대하는 자들은 교회의 권위자들로부터 '이단'(異端)이라는 명목 하에 박해를 받았다. 그러나 시간이 흐를수록 교회의 통치를 반대하는 사람들의 수가 증가하였다. 따라서 각종 교파가 그들이 거주하는 곳의 명칭이나 그들이 추종하던 지도자의 이름을 따서 등장하기 시작하였다. 이들은 서로 간의 연합은 꾀하지 않았으나 그들 모두는 교회의 부패와 사악함에 반대하였으며 상대적으로 로마 카톨릭 교회는 갖은 수단을 동원하여 이교파들을 잔인하게 박해하였다. 마침내 공동생활 형제단에 의하여 영적 생활과 기독교 교육에 종교개혁이 단행되었다. 이들의 영향은 당시와 후대에 지대한 영향을 주었다.

아울러 도시의 성장과 대학의 설립을 가져온 정신적인 태동으로부터 루터(Luther)와 멜랑톤(Melanchton), 쯔빙글리(Zwingly), 칼빈(J. Calvin), 존 낙스(J. Knox)와 같은 대학 교수들과 성직자들의 지도 하에서 16세기에 프로테스탄트의 종교개혁이 일어나게 되었다.

마틴 루터의 종교개혁은 기독교 교육에 있어서도 일대 코페르니쿠스적 전환이었다. 루터(1483-1546)는 성경을 독일어로 번역함으로써 교육일반에 크게 공헌하였다. 번역된 성경은 널리 보급되어 읽혀졌고, 독일 국민들의 실제적인 성경 및 국민의 교과서가 되었던 것이다.

루터는 초등학교, 고등학교에 대해 보다 중요한 필수적인 수업은 성경, 특히 복음서가 교육의 기본이 되어야 함을 권장했다. 그는 수업을 모든 교회의 임무로 생각했다. 아울러 학문적 교수(學問的 敎授)를 문제로 다루었는데 이것은 아동을 사회에 적응시키는 데도 필요하고 성직자에까지 이끌어 올리는 데도 반드시 필요하다고 했다. 그는 서적과 논문들에서 종교개혁의 결과 일반 교육내용이 저하된 것을 경고했으며, 좋지 못한 결과를 낳고 있다고 주장했다.

루터의 교육 목적은 그리스도 안에서 하나님께 영광을 돌리는 데 있었다. 즉, 하나님과 인간과 국가에 대한 우리의 임무를 수행하는 것이 교육의 목적이라고 하였는데 이것은 개인으로 하여금 하나님을 사랑하고 경외하며, 이웃에 대하여 봉사는 생활, 즉 하나님의 영광과 인간을 위한 사랑에 적합하도록 행하는 것이었다.

루터는 하나님의 말씀을 인생의 각 영역에 적용시켜 각기 다른 직업을 가진 모든 사람들이 생활화 할 수 있도록 그 말씀을 의의 있게 하는데 그 궁극적 목적이 있다고 했다. 교육의 기본 목적은 시공을 초월하여 모든 사람에게 해당되는데 이것은 절대적이며 동시에 보편적인 것이다.

루터에게 있어서 모든 교육이란 종교적인 목표에 지향시킴으로써 교육의 목적을 구체화시켰다.

이것은 그의 교육사상이 신학적인 영역에서 연원되었기 때문이다.

신술한 바와 같이 루터는 학교와 교회를 국가의 관리 아래 두도록 하였는데 국가로 하여금 당시 독일 교육을 통제하도록 만드는데 크게 기여하였다.

루터가 이와 같은 일을 한 것은 교육을 속화시키려는 것이 아니라 오히려 성경에서 구체화된 생활원리가 사람들의 일상생활 속에서 생동하고 실천되기를 원해서였다.

그래서 루터에게 있어서 교육이란 한편으로 종교교육이며 다른 한편으로는 도덕교육(moral education)을 의미했다. 루터의 교육은 이와 같이 하나님과 그리스도를 지향하고 있으며 자녀들을 하나님의 말씀으로 규율있게 양육하고 서로 존경하며, 하나님을 경외하도록 하여 지식의 증진과 인격의 도야를 성취하려고 했던 것이다.

루터는 종교개혁만이 아니라 교육사상가요 교육개혁가로서 역사적 의의를 지닌다. 그는 중세 수도원 학교나 교회 학교에서 실시되던 지적, 혹은 도덕적인 측면의 교육에서 탈피하여 전인적 인간을 만드는 획기적인 교육을 주장했다.

루터의 교육사상은 자기에게 주어진 여건 속에서 하나님과 교회와 국가, 그리고 사회에 대한 봉사자를 양성하고 인간이 타락함으로 상실한 '하나님의 형상'을 회복하며, 자기에게 주어진 모든 가능성을 개발시키는 것으로 나타난다.

루터는 바른 기독교 교육의 실시를 위하여 생의 가장 근본적인 기반을 강조하였는데 이것은 루터가 말한 십자가의 신학을 기초한 것이다.

루터의 교육사상은 구시대의 유물이 아니라 '하나님의 말씀'을 생의 '전 영역'에 적용시키는 삶의 기초를 제공하였고 가정교육과 학교교육의 중요성을 역설했으며 요람에서부터의 교육을 주장하였다.

또한 개혁가 존 칼빈(J. Calvin)은 신도 한 사람 한 사람이 철저한 자각을 가지고 하나님 앞에(coram Deo) 자기의 삶을 책임져야 한다는 입장에서 책임있는 주체자를 교육하는데 그의 교육적 역점을 두었다. 그것은 교회규칙과 법규를 지키는 생활이라는 형태로 규정되어 있었다. 칼빈에게 있어서 이같은 규율있는 훈련을 받는 일은 중세기 수도원에서 강조된 '침묵의 복종'과는 달랐다. 복종 그 자체가 목적이 아니라 책임있는 주체자의 형성을 위해서 규율이 극도로 중요시된 것이라고 말할 수 있다.

칼빈의 '교육론'에 대해 기독교 교육학자 이비(C.B Eavey)는 "칼빈은 인문교육을 강조한 것이 특징이며 또한 처음부터 국제성을 띄고 있다는 점이 매우 특이하다"고 했다.

칼빈의 교육사상을 몇 가지로 종합해보자.

교육사상의 기초

칼빈에게 있어서 교육사상의 기초는 하나님의 말씀이다. 성경은 인간의 신앙과 행위에 있어서 '유일한 권위'이다. 교육에 있어서도 성경은 '최고 최종'(最高最終)의 권위를 가진다. 그러나 죄악된 인간들이 이 성경을 충분히 이해하기 어렵기 때문에 교육이 필요하다.

교육의 대상

하나님의 피조물 가운데 교육을 받아야 할 대상은 인간이다. 칼빈은 「기독교 강요」에서 '인간 지식'에 관한 문제를 특별히 다루고 있으며 인간에 관한 지식이 없이는 교육이 불가능하다고 하였다. 그러므로 교육자는 피교육자에 대하여 알아야 한다. 인간에 관한 지식이란, 인간은 '하나님의 형상'으로 지음받은 피조물이며, 하나님의 명령에 불순종하여 범죄하였고, 전적으로 타락하여 부패하였다. 그러나 하나님께서는 당신의 백성을 택하셔서 하나님을 섬기도록 구원의 은혜를 주셨다.

교육의 목표

칼빈이 추구하는 교육의 목표는 기독교인의 생활로 나아가는 것이다. 이것을 이루기 위하여 하나님을 경배하며, 다른 모든 방법을 통하여 하나님의 영광을 나타내어야 한다. 여기에는 자기 부정의 과정이 있어야 한다. 또한 칼빈은 종교교육 못지 않게 인문교육을 강조하였는 바(전술한 「기독교 강요」에 잘 나타나 있다) 일반 교육의 최종 목적도 하나님의 영광에 있다고 했다.

교육의 주제

칼빈이 말하는 교육의 주제는 하나님에 관한 지식과 인간에 관한 지식이다. 인간에 관한 지식은 하나님에 관한 지식을 바탕으로 한다. 그러나 기독교인이 학문하는 목적은 지식을 위한 지식의 추구가 아니라 하나님의 보편적 진리를 발견하고 인식함으로써 하나님의 영광을 나타내는 데 있으므로 참 신앙과 참 학문은 서로 충돌하지 않고 조화될 수 있다는 것이 그의 궁극적 신념이었다. 그러나 그는 불필요한 호기심이나 사색적 탐구를 무엇보다도 경계했다.

이 지식들을 얻게 하는 원천은 성경과 자연이다.

교육의 방법

칼빈이 강조한 교육의 방법은 그의 「기독교 강요」에서 발견할 수 있다. 교육방법은 두 가지인데 첫째는 하나님의 방법이다. 즉, 인간이 불완전하기 때문에 중생시키시는 성령의 역사가 있어야 하고, 성경과 자연의 계시가 있어야 한다. 둘째, 인간의 방법이다. 바른 교육을 위하여 신앙을 가져야 하고, 자기부정, 기도, 묵상,

선행 등의 훈련이 있어야 한다.

교육의 내용

하나님의 말씀을 가르쳐야 하고, 이 일을 위하여 훈련하여야 한다. 가정과 학교에서 훈련해야 하는데 여기에는 권위와 자유가 있어야 한다.

교육의 영역

칼빈은 교육의 영역을 가정, 교회, 학교 그리고 국가로 보았다. 학교를 통제하는 힘은 교회에 있었고, 모든 교회는 신자들을 올바르게 교육하여야 했다.

칼빈은 에라스무스가 넘지 못했던 선을 넘었고, 루터가 완전히 벗어나지 못했던 것을 벗어났다. 계시영역의 가장 깊숙한 데까지 도달한 그는 '일신일주'(One God-One Lord)의 하나님의 주권 안에 모든 것을 종속, 통일, 조화시켰다. 그의 신학체계의 방대함은 그것이 하나님의 영역주권의 모든 곳을 총괄해야 했기 때문일 것이다. 그러나 그는 "성경이 머무는 곳에서" 머물렀으며, "하나님께서 그의 성스러운 입술을 다무는 데서" 즉시 입을 다물었다.

칼빈은 스스로 이렇게 역설하고 있다.

"오늘날 모든 종류의 주제들이 열심히 추구되어지고 있다. 그러나 하나님에 대한 지식은 등한시 된다. 그렇지만 하나님을 아는 것은 인간의 주된 목적이며, 또한 그것에 의해 인간의 존재가 정당화 된다. 만일 우리의 삶이 백 번이라도 이 한 가지 목적만 확실하면 그 모든 삶을 위하여 충분한 것이 될 것이다."

근세의 교육 목적

17세기부터 18세기에 이르는 시기는 새로운 사회구조의 변화를 겪는 시기였다. 종래의 지주와 소작, 귀족과 평민 관계의 이원적 사회구조를 이룬 것에 반해 근대에는 제3의 계급구조가 새롭게 형성되는 시기였다.

지금까지의 '정적 사회'(static society)는 출신 성분과 이미 형성된 계급의 유지를 위해서 제도적 장치 내지는 교육이 시행되었다. 그러나 산업혁명은 이와 같은 '정적 사회구조'를 바꾸어 놓았다.

따라서 과거 1000여년 동안 기독교적 교권의 지배 하에 있던 사회제도와 교육환경도 산업혁명으로 말미암아 붕괴되기 시작하였고 개개인의 능력과, 논리적이고 이성에 부합되는 합리적인 것만이 득세하는 새로운 부류의 집단을 탄생시켰다.

이 부류의 집단이 바로 '제 3계급'인 이른바 중산계급이며 중세적인 신비주의에 대항하는 합리주의, 혹은 계몽주의 사상이 이 시대를 풍미하는 주도적인 사상적 기류였다.

이러한 상황 하에서 그동안 교권의 지배 하에 있던 모든 주도권을 이제는 세속적인 세력이 그 주도권을 인수하게 되었다.

이러한 상황에서 지금까지 중세사회가 의지해 왔던 교회주관의 학교 교육에 전반적인 변화가 일어난 것이다. 그리고 이 때부터 새로운 학교들이 형성되기 시작했다.

①사립학교(private school)
재정적으로 부유층을 위한 학교였다.
②교회와 연결된 학교(church school)
교회의 주도 아래 운영되었던 학교였다.
③자선학교(charity school)
중세기 공립학교(public school)로 남아있던 학교였다.
상기한 바와 같은 새로운 형태의 학교와 더불어 기존의 고전학교들도 함께 운영, 유지되고 있었다.

근세기에는 이와 같은 변화의 기류를 타고서 교회 주도적인 사회층이 급작스런 산업혁명이라는 거센 물결을 맞아 붕괴의 위기에 봉착한 시기였지마는 나름대로 기독교를 방호하려는 몇 가지의 사상적 반응들이 교회 내에서 조용히 일기 시작했다.

정통주의(orthodoxism)

정통주의는 물밀듯 닥쳐오는 세속적인 세력에 대해 기독교를 세속적인 경향에 침륜시키지 않게 하려는 동향이었다. 이들은 종교개혁자들의 사상을 그대로 지키려는 입장을 취해나갔다.

종교교육의 목적을 달성하기 위해 젊은층이 경건하게 훈련받았으며 이 교육에는 세 가지 유형의 교리문답이 사용되었는데 부모들에 의해 가정에서 사용되는 것과 교사들에 의해 학교에서 사용되는 것, 그리고 목사들, 장로들, 그리고 교리문답 교사들에 의하여 교회에서 사용되는 것이 있었다. 공무원들은 이 교육적인 사역을 촉진시키기 위하여 그들의 권리를 사용하도록 요청되었고, 또한 종교교육에 특별한 주의를 기울이도록 요청되었다.

경건주의(pietism)

경건주의는 진리의 지식에 대한 부단한 탐구로써 인간이 하나님에게로 향한 또 하나의 실례였다. 이와 같이 경건주의는 성경의 순수하고 단순한 교훈을 높이고 교리를 소극적인 위치에 두는 하나의 영적 반동이었다.

이 운동은 전적으로 성경으로 돌아감으로 신조로부터 자유로워지려는 것이었다. 그들은 루터가 강조한 성경연구와 기도와 칼빈주의적인 순결한 행위가 따르는 신앙을 함께 강조하였다. 그러나 중생의 체험과 기독교인의 생활에 있어서의 성령의 사역을 지나치게 고집하였다.

세속적인 세력에 대해 정면으로 대결해 세속세력을 굴복시키려는 움직임이었던 경건주의는 세속세력에 항거하기 위해서는 무엇보다 교인들의 내면 생활에 새로운 개혁의 바람을 일으켜 강인한 교인들로 훈련시킨다는 점에 주력하였다고 볼 수 있다.

이 운동의 창시자는 스페너(P.J Spener, 1635-1705)이며 그의 제자인 프랑케(A.H. Franke, 1663-1727)는 '경건대학'(collegia pietatis)을 설립하여 경건주의적 종교교육(pietistic religious education)을 실시하였다. 경건주의의 창시자인 스페너는 스위스 칼빈주의의 영향을 받은 목사로서 독일의 신비주의적인 저술에 친숙해 있었다. 그는 1670년경 그가 목회하는 교회에서 "오직 경건에 이르기를 힘쓰라"라는 디모데전서 4:7을 들어 성도들을 소그룹으로 조직하여 영적인 경건한 신앙훈련을 지도하였다.

이제 경건주의를 말할 때 종교교육의 최초의 대 학자라고 할 수 있는 코메니우스(J.A. Comenius, 1592-1672)의 교육사상을 살펴보자. 코메니우스는 모라비안 교회(moravian church)의 목사였으며 감독(Bishop)이었다. 그러므로 그의 가르침과 그의 생활은 모라비안 교회의 신앙과 정신에 일치되었다. 거룩한 생활은 그에게 있어 가장 의미있는 것이었으며, 그는 성령충만한 기독교인에게는 거룩한 생활이 따르며 선교적 비전이 주어진다고 하였다.

코메니우스 당시는 교육이 극도의 이성주의에서 극도의 감정주의로 변환될 시기였다.

코메니우스는 지식의 기원으로써 감각을 주장하는 베이컨의 원리와 내재적인 개념들에 관한 데카르트의 이론을 공히 긍정하였다. 그러나 이러한 원리들이 그에게 최종적인 것은 아니었다. 그는 절대 진리는 신앙에 의해 이해된다고 믿었다. 그러므로 서로 모순적인 이와 같은 원리들은 다만 연구의 방법론으로써 그에게 채택되었을 뿐이었다. 그는 라티히(W. Ratich)에게서 큰 영향을 받고 교수법에 있어 자연적 방법을 따랐다.

코메니우스는 기독교인은 우선적으로 계시에 의존하여야 하며 그 후에 이성을 사용하여 계시의 이해에 도달해야 한다고 주장하였다. 그에게 있어서 성경은 무오(無誤)한 하나님의 말씀이었다. 그는 자기의 신학이 성경에 기록된 것들이라고 주장하였다.

그는 성경을 지식의 가장 중요한 기초이며 원천으로 고려하였다. 그러나 그는 인간이 지식을 획득함에는 다른 사람들로부터 배워야 한다고 가르쳤다. 코메니우스에게 있어서 교육이란 인간으로 하여금 예수 그리스도를 영접하며 그들의 삶에서 하나님의 목적을 성취하는 것이었다. 그에게 있어서 교육의 목적은 자연적 성향을 단순히 개발시키는 것이 아니라 인간으로 구원에 이르게 하기 위하여 지적, 도덕적, 영적으로 훈련시키는 것이며 올바른 습관을 형성시켜 참된 신자가 되게 함에 있었다.

코메니우스는 그의 책「대 교수학」(Didatica Magna) 33장에서 일곱 가지의 교육 목적을 제시하고 있다.

첫째, 인간은 최고의 피조물이며 가장 절대적이며 가장 탁월한 피조물이다.

둘째, 인간의 궁극적 목적은 이생에만 있는 것이 아니다.

셋째, 이 땅에서의 생은 영생을 위한 하나의 준비에 불과하다.

넷째, 영생을 준비함에는 세 가지가 있는데 자신을 알고, 자신을 지배하고, 자신이 직접 하나님께 나아가야 한다.

다섯째, 영생을 준비하는 세 가지 요소인 배움과 덕과 종교는 자연적으로 인간 속에 뿌리를 박고 있다.

여섯째, 인간이 존재하는 곳에는 반드시 교육이 존재해야 한다.

일곱째, 인간에게 주어지는 교육은 어려서부터 교육에 의해 용이하게 형성된다. 그러나 이 시기가 지나면 용이하게 형성되지 않는다.

그의 경건교육은 어린 아이가 말하기 시작하자마자 시작하여야 하며 이같은 유아기 교육은 그 효과가 노년기에까지 유지된다고 주장하였다. 그래서 그에게 있어서 어린 아이들은 무한한 가능성으로 간주되었던 것이다.

코메니우스는 신학자라기보다는 한 사람의 교육자로 간주되어야 하지만 분명히 그의 결점은 기독교 교육에 있어 기본적인 중생의 필요성을 부인한 것이다.

그는 절충주의적 입장에서 신앙과 기독교 교리를 재정비 및 재해석하려는 입장을 취했는데 사실상 이러한 입장에서는 성경의 외형적인 권위가 이미 기준이 될 수 없고, 철저하게 이성과 과학적 합리성의 기준 아래서 재평가되고 재정립되어야 한다고 천명하는 것이다.

주일학교 운동기의 교육 목적

주일학교 운동은 기독교 교육사에 있어서 획기적인 계기를 마련해 주었다. 영국에서 처음 시작된 주일학교 운동(sunday school movement)은 오늘날의 우리 나라에서도 기독교 교육의 중요한 명맥을 유산으로 남겨 놓았다.

근대사회는 산업혁명으로 인하여 그들의 생활구조가 달라지고 조건을 변환시켜 놓았다. 기계의 발명으로 말미암아 숙련공이 물러나고 단순한 기계조작만 할 수 있는 저임금의 단순노동자들만이 대거 취업하게 되었다. 따라서 가장은 집에서 집안 살림을 해야 하고 부녀자들은 가정을 떠나 공장에서 일해야 하는 사회구조 속에서는 숱한 문제들이 발생하게 되었다.

이러한 상황에서 로버트 레이크스(Robert Raikes)라는 평신도가 거리에서 방황하는 어린이들을 모아놓고 그들을 선도하기 위해 1780년 글로우채스터(Gloucester)의 세인트 캐터린 가에 주일학교를 설립하게 되었다.

이렇게 시작된 주일학교 운동은 모두 평신도에 의한 것이었고 교회 밖의 세속적 상황에 근거하고 있는 것이었으며 당시 부흥운동과 함께 성장하였던 것이다.

그 후 주일학교 운동이 미국으로 파급되자 새로운 양상으로 변모하게 되었다. 미국에서의 초기 주일학교에서는 교리문답, 성경문제집, 찬송가, 그리고 암송을 위한 기도문집들을 어린이들이 사용할 수 있도록 만들었다. 당시의 주일학교는 주로 평신도 운동이었고, 교단적인 수단으로써 여러 교단들의 인정을 받았다. 이러한 미국의 주일학교 운동은 영국의 여러 지역에서처럼 급속히 파급되었고 성장해 나갔다.

1776년 미국은 독립을 선언했고, 1780년에 헌법을 제정하여 헌법에 정교분리를 명시하게 되자 일반학교 교육에서 종교교육을 분리시켰고 주간 5일 교육하는 일반학교 교육을 정부 주도로 실시하게 되었다. 따라서 주일학교는 주일 하루만을 이용하여 종교교육을 시켜야 하는 형편이 되었다. 여기에서 주일학교 교육의 일대 방향전환이 불가피하게 되었다.

미국의 초기 주일학교 운동이 무디(D.L. Moody)와 같은 인물들에 의해 신앙부흥 운동으로 주도되고 있을 무렵, 새로운 기독교 교육 운동가인 호레이스 부쉬넬(Horace Bushnell)이 나타나「기독교적 양육」(Christian Nurture, 1847)이라는 책을 써서 불일 듯 일어나는 신앙운동에 찬물을 끼얹어 놓았다.

이러한 부쉬넬의 무기가 바로 종교교육 운동이라고 할 수 있다. 이 운동의 요점은 교회에 있어서의 교육주의 운동이라고 할 수 있겠는데 신앙부흥운동이 극도에 달하면 무책임, 심리적인 무마 이상의 아무것도 아닌 것으로 되어 버릴 때 이것에 대치되어 발생할 수 있는 것이 바로 종교교육 운동이라는 것이다.

종교교육 운동은 세속세력에 순응하는 교회의 근대주의 운동이라고 볼 수 있다. 인간 이성에 입각한 과학적 합리성의 기준에 의하여 신앙교육을 강조한 것이다.

부쉬넬에 의하면 어린이의 정상적인 발달과 그 발달의 법칙성을 따라 교육함으로써 이상적인 종교적 인격자로 성장시킬 수 있다고 하였다.

여기에 근거를 두고 죠오지 코오(Gorge A. Coe)를 위시하여 니콜라스 버틀러(Nicholas Butler) 등이 종교교육협회를 창설하여 그 운동의 학문적 체계를 수립하게 되었다. 이 종교교육 운동의 선봉적 대언자의 역할을 담당한 학자는 코오(G.A. Coe)였다. 그는 종교교육의 목적을 "젊은이들을 건전하게 성장하도록 하여 하나님의 민주주의에 효과적인 헌신을 하게 하여 거기에서 행복한 자기실현을 할 수 있도록 하는 것"이라고 하면서 결국 교육목적이 삶의 목적 실현과 하나님의 민주주의 실현에 있었음을 말하고 있다.

그는 교육목적의 실현과정은 전통, 사회, 특히 '신의 분위기'에 적응하는 일이어야 하고 교육내용은 공정한 정부, 빈곤없는 경제

질서 확립, 하나님의 민주주의 이상을 향한 젊은이들의 삶의 헌신과 삶의 자기 실현, 사회복지와 환경보호, 형제애 구현을 근거로 하는 '세계공동체' 등이라고 보았다.

또한 해리슨 엘리오트(Harrison Elliott)는 코오를 계승하여 진보적 종교교육을 최종적으로 강하게 변호하였던 코오의 수제자였다.

웨인 루드(Wayne Rood) 교수가 지적한 바와 같이 기독교 교육이 하나의 운동으로 전개되기 시작한 것은 20세기에 들어와서였다. 1919년 칼 바르트(Karl Barth)의 「로마서 강해」는 오랜 기간 동안 신학계를 지배하던 자유주의 신학사조를 뒤엎게 한 문제작이었다.

1941년 쉘튼 스미스(Shelton Smith)는 이러한 새로운 신학사조에 영향을 받아 인간구원의 가능성과 근거는 인간 자신에게 있는 것이 아니라 신의 창조와 섭리와 은총에만 있다고 보았다. 따라서 진보적 종교교육자들처럼 인간의 경험개발이 교육적 희망을 주는 것이 아니라 '오직 말씀으로만'(Sola Scriptura)교육이 가능 하다고 보았다.

인간적인 것은 전적인 타락뿐이요, 위로부터의 은총으로만 교육 목적이 열린다고 했다.

스미스(S. Smith)의 이와 같은 도전으로 인해 기독교 교육의 새로운 신학적 기초가 정립되게 되었고 미국의 NCC에서는 스미스가 제기한 문제를 수용하여 기독교 교육의 재건을 위해 4년 간의 연구가 진행되었다. 이러한 노력의 결과로 1947년에 폴 베쓰(Paul H. Vieth)의 「교회와 기독교 교육」이 출판되었다.

베쓰 이후에 개신교의 교육신학은 크게 세 조류를 이루며 발전하였다. 그 첫번째가 신정통신학(Neo-orthodoxy theology)을 배경으로 한 '교회론'적 입장의 기독교 교육으로서, 이 계열의 대표적 학자들로서는 랜돌프 밀러(Randolph C. Miller), 제임스 스마트(James Smart) 그리고 로마 카톨릭 신학자인 가브리엘 모런(Gabriel Moran), 캠블 와이코프(D. Campbell Wyckoff), 새라 리틀(Sara Little), 아이리스 쿨리(Iris Cully), 하워드 그라임즈(Haward Grimes) 등이 있다.

둘째는 마틴 부버(Martin Buber)에게서 영향을 받아 관계신학을 배경으로 한 대화적인 기독교 교육으로서 랜돌프 밀러와 데이빗 헌터(David Hunter) 등이 그 대표적 학자들이며, 세번째는 루엘 하우(Ruel L. Howe)에게서 시작하여 루이스 쉐릴(Lewis J. Sherrill)에게로 이어지는 '실존주의 신학'을 배경으로 한 심리학적인 기독교 교육학의 입장이었다.

기독교 교육 목적

기본적 목적

기독교 교육의 기본적 목적은 마태복음 28장 19절에 잘 표현되어 있다. 그 첫째가 영혼 구원이 우선이고, 다음으로 하나님 말씀을 바로 깨닫고 그 뜻을 바로 믿고 이해하게 하는 것과, 셋째로 그리스도인의 생활 훈련이다.

구체적 목적

기독교 교육의 구체적 목적이라 함은 다음과 같다.

육체적 성장

육체는 영혼이 거하는 처소이다. 그렇기 때문에 사도 바울은 성령이 거하는 성전이라고 하였다. 누가복음에도 예수님의 성장을 표현할 때 "예수는 그 키가 자라며…"라고 하였다. 건강하고 건전한 육체에서 건전한 정신과 건전한 영혼의 활동을 기대할 수가 있다.

지적인 성장

지식과 교양이 없는 육체적 성장은 동물에게도 있을 수 있다. 성경에도 "예수는 그 키가 자라며 지혜가 더해 갈수록…"이라고 했다.

희랍의 철학자 소크라테스의 제자인 아리스티포스(Aristippos)는 말하기를 "교양을 얻지 못할 바에는 거지가 되고 싶다. 교양의 상실은 인간성의 상실이다."라고 하였다.

사회성의 성숙

육체적 성장과 지적 교양의 성장이 사회성과 관계가 없을 때 아무런 의미가 없어진다.

예수께서 말씀하신 것과 같이 세상의 빛이요 소금의 역할을 강조하였고 바울도 말하기를 하나님 앞에서 그리스도의 향기라고 하였다. 기독교 교육의 목적이 바로 사회 속에 관계하여 사회를 개혁하고 변화시키는 사회개혁의 역할에 있는 것이다.

영적인 성장

기독교 교육의 궁극적 목적은 영적인 성장과 기독교적 인격 형성이다. 하나님의 형상대로 지음 받은 개인의 회복 내지는 그리스도를 향하여 인격이 변화되며 사회적 존재로서 참된 교제 속에 사회 변화와 개혁을 향한 역할인 것이다. 철학자 야스퍼스도 "성실한 사람 앞에서는 악마도 모자를 벗는다"라고 말하였다. 기독교 교육은 하나님 앞에서와 사람 앞에서 온전한 인간으로 성숙시키는 데 그 목적이 있다고 하겠다.

기독교 교육 목적에 대한 다양한 접근

　기독교 교육의 기본적 목적은 개인으로 하여금 예수 그리스도를 믿고 그 복음에 접속하여 그의 생활 속에서 그리스도의 성품과 행위가 드러나도록 그리스도의 성품으로 변화하게 하는 것이다.

　기독교 교육을 통하여 첫째, 기독교 사상이 형성되게 한다. 그래서 인생의 목적, 인생관을 기독교화 하고 둘째, 기독교 인격의 훈련을 한다. 이것은 예수님을 믿고 회개하고 구원받는 것만이 아니라 신앙을 가진 기독교인이 가져야 할 성품, 즉 믿음, 정직, 책임감, 성실, 관용, 사랑, 충성 등의 인격을 위한 교육인 것이다. 1930년 국제 종교 교육 평의회에서 채택한 기독교 교육의 목적은 하나님에 대한 바른 의식과 그리스도와 닮은 인격, 그리고 사회적 의(義)라고 하였다.

　또 폴 비트(Paul. H. Vieth)는 교육의 목적을 하나님과의 만남이요 복음에 의한 통제요 성장이라고 하였다.

　따라서 기독교 교육의 목적은 사람으로 하여금 예수 그리스도 안에서 자신을 나타내 보이시며, 우리를 찾으시는 하나님의 사랑을 깨닫고 믿음과 사랑으로 그에게 응답하는 가운데 자기를 알고 자기가 처해 있는 형편의 의미를 깨달으며, 하나님의 자녀로서 믿는 자의 공동사회 안에 뿌리를 내리고 자라나며, 모든 관계에 있어 성령 안에서 사는 생활을 하며, 이 세상에서 함께 그리스도의 제자된 역할을 다하며 기독교적 소망 가운데 살아가도록 도와주는 것이다.

　The Objective of Chirstian Education is to help persons to be aware of God's self-disclosure and seeking Love in Jesus Christ and respond in faith and love to the end that they may know, who they are and what their human situation means, grow as sons of God rooted in the Christian community, live in the spirits of God in ever relationship, fulfill their common discipleship in world abide in the Christian hope.

Paul. H. Vieth의 기독교 교육의 목적을 세부적으로 정리해 보면 다음과 같다.

하나님
기독교 교육은 성장하는 자들로 하여금 하나님 의식을 실제로 경험케 하고 하나님과 개인적 친교를 맺게 함에 있다.

예수 그리스도
기독교 교육은 성장하는 자들에게 예수의 인격과 교훈을 이해하고 그가 구주가 되심을 자신이 체험하여 예수 자신과 그의 복음에 충성을 다하게 함에 있다.

그리스도의 인격
기독교 교육은 성장하는 사람들로 하여금 점진적으로 그리스도의 인격을 닮도록 지도하는 것이다.

기독교적 사회의 건설
기독교 교육은 성장하는 사람들로 하여금 모든 사람이 한 몸이 된다는 이상이 실현되는 사회를 건설함에 공헌하도록 지도하는 것이다.

교회원
기독교 교육은 성장하는 사람들로 하여금 교회의 충실한 일원이 되도록 지도하는 것이다.

기독교 가정
기독교 교육은 성장하는 사람들로 하여금 기독교적 가정의 의의와 중요성을 인식하게 하여 가정생활을 원만하게 하는 일에 참가하고 공헌하도록 지도하는 것이다.

기독교 인생관의 수립
기독교 교육은 성장하는 사람들로 하여금 기독교적 인생관과 우주관을 가지게 하여 우주와 인생에 대한 하나님의 목적과 계획을 맞게 하는 것이다.

성경과 기타 교제
기독교 교육은 성장하는 사람들이 성경의 진리를 이해, 소화하여 현재의 생활과 경험의 도표가 되게 하는 것이다.

(1) Christian Religious Education Seeks to foster in growing persons a consciousness of God as a reality in human experience, and a sense of personal relationship to him.

(2) Christian Religious Education Seeks to develop in growing persons such a understanding and appreciation of the personality, life, and teaching of Jesus as will lead to experience of him as savior and Lord, loyalty to him and his cause. And manifest itself in daily life and conduct.

(3) Christian Religious Education Seeks to foster in growing persons a progressive and continuous development of Christ like character.

(4) Christian Religious Education Seeks to develop on

growing persons the ability and disposition to participate in and contributes constructively to the building of a social order through out the world. Embody in the ideal of the Fatherhood of God and the brotherhood of man.
(5) Christian Religious Education Seeks to develop in growing persons that ability and disposition to participate in the organized society of Christians the church.
(6) Christian Religious Education Seeks to lead growing persons into a Christian interpretation of life and the universe; the ablilty to see in it God's purpose and plan; a life philosophy built on this interpretation.
(7) Christian Religious Education Seeks to effect growing persons the assimilation of the best religious experience of the race, pre-eminently that recorded in the Bible, as effective guidance to present experience.

  P.H. Vieth, *Objetives in Religious education*(N.Y.:Harper & Brothers, 1930), pp. 70-78.
(8) Christian Religious Education Seeks to develop in growing persons an appreciation of the meaning and importance of the Christian family, and the ability and disposition to participate in and

contribute constructively to the life of this primary social group.
Paul H.Vieth, Christian Education Today(Chicago : The International Council of Religious Education)

주지하는 바와 같이 철학이란 목적을 결정시키는 일을 한다.
왜냐하면 철학은 사실을 다룸으로 인해서 의미를 발전시키고 선택하며 가치를 결정하는 인간의 비판적인 마음의 작업이기 때문이다.
이러한 이유로 추론할 때 기독교 교육을 위하여 가지고 있는 목적이나 목표가 무엇이든 간에 그것은 그 사람이 지니고 있는 기독교 교육철학의 결과인 것이다.
목적은 그것이 특별한 목표들로 나누어질 때에 많은 면에서 작용한다. 그러나 목적이 일반화될 때에 그것은 다음과 같은 세 가지 역할로 도움을 주게 되는 것이다.
첫째, 목적은 교과과정 자료의 집필자와 편집자들을 위한 지침이다. 왜냐하면 목적은 포괄적인 목표를 제공해 주기 때문이다. 공과 계획과 단원 개요, 혹은 교사를 위한 자료에서 볼 수 있는 것과 같은 특별한 지침의 세부 내용이 어떤 것이든지 간에 목적은 교육과정이 진행해 나아가는 방향을 상기시켜 준다.
둘째, 교사가 한 단원의 특별한 목표와 특별한 교과를 위한 자료에서 볼 수 있는 것과 같은 특별한 지침의 세부 내용이 어떤 것이든지 간에 목적은 교육과정이 진행해 나아가는 방향을 상기시켜 준다.
셋째, 교사가 한 단원의 특별한 교과를 위한 목표, 혹은 일년 동안의 장기 계획을 수립하고자 할 때 목적은 요구되는 방향을 설정해줌으로써 무수하고 특별한 교육 행위들이 적절한 결과를 향할 수 있는 것이다.

넷째, 목적은 평가의 근거를 마련해 준다. 목적은 일반적인 것이기 때문에 성취에 대한 어느 정도의 측정과 관찰, 또는 평가를 할 수 있도록 허용하는 특별한 목표들을 수립하는 근거로서 도움이 된다. 평가는 기독교 교육의 모든 실천 가운데 가장 어려운 것이다. 왜냐하면 그 결과들이 정상적인 검사(평가)에 대해 결코 개방되어 있지 않기 때문이다.

기독교 교육에 있어서 기독교 교육의 목표확립은 필수적인 것이다. "일반적으로 기독교 교육이란 용어에서, 이 용어는 명사지만 사실상 이 용어에서 보다 중요한 것은 교육을 꾸며주는 '기독교의' 라는 형용사가 더욱 중대한 의미가 있다"라고 프랭크 개블라이언(F. Gaebein) 박사는 말하고 있다.

전술한 바와 같이 기독교 교육은 결코 기독교가 없이는 존재하지 않는다. 이것은 전적으로 기독교에 의존하고 있으며 오직 기독교를 위해서 존재하는 것이다.

헤르발트 뻰(Herbert W. Byrne) 박사는 기독교 교육의 목적에 대해서 다음과 같이 말하고 있다. "기독교 교육은 그리스도에 대한 교육이며 그러한 결과 그리스도의 성격과 행위를 닮아가게 하는 것이다. 그러므로 기독교 교육의 목적은 반드시 예수가 목적이 되어야 한다." 왜냐하면 기독교는 한 인격이시며 하나님의 영원한 아들이신 그리스도이다. 그리스도는 그 안에 하나님의 생명을 가지고 있으며 그의 구속 사역 안에서 믿음을 통하여 구속받은 모든 사람 안에 있는 생명의 원천이시기 때문이다.

지금까지 많고 다양한 교육철학이 발전되어 왔다. 그러나 이 모든 교육철학은 두 가지, 즉 인간 중심의 교육철학과 하나님 중심의 교육철학으로 나눌 수 있는데 인간에게 죄가 침투함으로써 인간의 역사에는 두 가지 사고방식이 존재하게 되었다. 첫번째 사고방식은 하나님을 반항하는 인간의 길이요 자기의지의 길이며, 두번째 사고방식은 전적으로 하나님을 의지하는 길이요 그의 뜻에 순종하는 길이다.

그러나 모든 인간의 본질은 그가 아무리 거룩하고 그리스도를 닮아가며 첫번째 사고의 영향을 의식하지 않고 살아간다 할지라도 결코 첫번째 사고의 영향을 받지 않을 수 없다. 항상 이 두 가지 사고의 패턴 사이에는 부단한 갈등이 있었다. 각 사람의 교육철학은 기독교인이거나 아니거나 간에 철학의 중심은 인간의 사고가 아니며 하나님의 계시이어야 한다.

진정한 기독교 교육은 인간 중심이 아니라 하나님 중심의 교육이다. 그것은 하나님과 함께 시작하고 하나님의 지도 아래서 수행되는 교육이다.

하나님은 창조주이시며 그의 손으로 만드신 우주를 지배하시는 통치자이다. 인격적이고 도덕적인 하나님께서 자기 자신의 형상대로 인간을 인격적이고 도덕적인 존재로 창조하셨다. 그러므로 여호와를 경외하는 것이 지식과 지혜의 근본이다. 성경은 하나님 자신의 계시이고, 성령의 능력으로 말미암아 그리스도를 통하여 하나님 안에서 인간이 살아가도록 하는 하나님의 계시이다. 하나님을 알게 된 사람은 다른 사람들도 하나님의 은혜를 알게 할 책임이 있다.

프랭크 개블라이언은 기독교 교육의 목적에 대하여 다음과 같이 천명하고 있다. "기독교 교육의 목적이 인간과 사회에 관여하지만 이들 목적의 창조적 근원은 인간과 사회 안에 있지 않다. 오히려 사회학적 정황에서도 아니고 실용적 방법도 아닌 계시된 진리에서 연원하는 철학에 은연 중 나타나 있다."고 했다. 그래서 반캐스터 (Marcel van Caster)는 기독교 교육의 목적을 한마디로 "기독교의 메시지를 전달하는 것"이라고 했던 것이다.

하나님의 말씀의 가르침을 통하여서 중생한 사람은 결코 죽지 아니하며 '하나님의 나라'에 들어갈 것이다. 모든 사람들이 이 세상에서 살 때 이 삶은 하나님께서 주신 것으로 영원히 살게 될 것이라는 것을 믿도록 준비시키는 것이 기독교의 관심사이다.

이러한 하나님에 대한 언급은 성경뿐이다. 그리고 성경은 하나님의 절대적 주권을 언급한다. 이 하나님은 항상 주권적으로 말씀하신다. 그의 말씀을 통하여 주권적으로 말씀하시는 성경의 하나님은 인간 정체의 최대의 경험이다.
하나님은 모든 인간적 서술에 대한 최종적인 구심점으로 개혁주의적 기독교 신앙에서만 인정된다.

참된 기독교 교육의 최종적 결과는 개인적으로 하나님과 그들 자신과 그리고 다른 사람과 올바른 관계를 맺는데 있고 성령의 열매를 맺는 모든 사람들이 모든 일에 있어서 하나님에게 순종하는데 있는 것이다.

인간의 생명은 하나님 안과 예수 그리스도 안에 있을 때에 의미가 있다. 가치의식을 부여하는 것은 하나님의 계시의 빛에서 사건들을 해석하는 것이다. 모든 사람들이 하나님과 올바른 관계를 가져야 할 필요성은 곧 하나님과 하나님의 영광을 위해서 살아가기 위한 것이다.

참 교육은 이 관계를 잘 보존하는 것이고 하나님의 섭리 하에서 인간이 모든 경험을 하도록 추구하는 것이다.

기독교의 하나님 안에서만 이상주의적 철학의 보편성을 상대할 수 있게 된다. 그리고 자신을 의식하기 위한 환경이 필요로 하는 신(神)을 피하게 된다. 그리고 하나님이 인류에게 행하기를 원하는 것을 기쁨으로 배워야 하고 그 하나님을 기쁘게 대하여야 한다.

이와 같이 교육은 본질적으로 또한 근본적으로 영(靈)인 인간을 다루며 교육은 그들을 하나님, 즉 모든 영들의 아버지이신 하나님과 함께 살아가도록 준비시키는 영적인 목적을 가지고 그들을 다루는 것이다.

성경은 분명하게 지식은 하나님으로부터 연원되어짐을 말하고 있다. 비록 인간이 많은 능력을 가지고 있다고 할지라도 인간이 살아가고 활동하며 존재하는 것은 하나님 안에서만 가능한 것이다. 성경은 비록 모든 지식의 총체라고는 주장하지 않고 있지만 모든 실재의 근원임은 명확하다.

교육은 하나님과 인간과의 관계에서 가장 필수적인 부분이다. 그러므로 궁극적인 의미에서 교육은 기독교 교육이어야 한다. 왜냐하면 하나님은 모든 진리와 실재의 근원이기 때문에 교육은 불가피하게 기독교적이어야 한다는 것이다.

진정한 기독교 교육의 유일한 목적은 인간이 하나님을 닮아가는 것으로써 이것은 인간의 삶의 유일한 목적이 아닐 수 없는 것이다.

기독교 교육 목표

기독교 교육의 목적을 달성하기 위해서는 반드시 목표가 필요하다. 목표없는 교육은 방향지향성을 상실하기 때문에 그 교육은 무모하다고 말할 수 있다. 성공적인 교육은 반드시 목표가 명확해야 한다. 목표가 부재하다면 그 교육은 실패로 돌아갈 수밖에 없다.

기독교 교육의 목표 안에는 수많은 작은 목표들이 있다. 작은 목표에 도달하게 되면 궁극적으로 보다 큰 목표에 도달하게 된다.
　그래서 기독교 교육학자 로이스 르바아 교수는 기독교 교육의 목표를 예수 그리스도를 중심주제로 설정하고 예수 그리스도의 중심성을 기독교 교육의 두드러진 구별적 요소로서의 목표로 간주하고 있다.
　1952년 미국의 '교회협의회'에서의 기독교 교육분과는 몇 개의 교파들이 재구성된 목표들을 가지고 공과자료들을 만드는 작업을 단행하였다.
　그들에 의해 제시된 기독교 교육의 목표는 다음과 같다.
　"기독교 교육의 목표는 개인들로 하여금, 하나님의 자기 계시와 예수 그리스도 안에서 찾으시는 사랑을 알게 하고 믿음과 사랑으로 응답하도록 도와주는 것인데, 그 목표가 지향하는 바는 그들이 자신이 누구이며 그들이 처해있는 동안 상황이 무엇을 의미하는지를 알게 하고 기독교 공동체 안에 뿌리박은 하나님의 자녀로 성장하게 하고 모든 인간관계에서 성령 안에서 살아가게 하며, 세상에서 그들의 공통적인 제자직을 성취하고 기독교적 소망 가운데 거할 수 있게 하는 것이다.

【 생각해 볼 문제 】

1. 예수님의 교육목적은 무엇인가?
2. 기독교 교육의 기본적 목적은 무엇인가?
3. 기독교 교육의 구체적 목적은 무엇인가?
4. 기독교 교육의 교육목표는 왜 필요한가?
5. 로이스 르바아 교수는 기독교 교육목표를 무엇이라 했는가?

제 4 장
기독교 교육과정

내가 그리스도를 본 받는 자가 된 것같이
너희는 나를 본받는 자가 되라(고전 11:1)

제4장 기독교 교육과정

개념

기독교 교육의 이념과 목적을 실천 달성하기 위해서는 이에 필요한 능력있는 풍부한 교육 내용이 마련되어야 한다.

준비되어야 할 교육 내용을 다른 말로 교육과정(Curriculum)이라고 한다. 교육과정의 의의를 넓은 의미와 또는 좁은 의미로 살펴 볼 수 있다.

광의적으로 살펴보면 생활 전반에 걸쳐 포함되어 있음을 의미한다. 기독교 교육의 이념과 교육 목적을 달성하기 위하여 학교나 교회 그리고 사회생활에서 얻어지는 모든 경험과 활동이 포함되어 있음을 의미한다. 이와 같은 모든 활동은 학생들 자신이 해야 할 일과 태도 그리고 사색하는 영향을 주는 주위 환경, 접촉하는 사람들, 참여하는 단체 그리고 교재 또는 보조교재, 과정에 포함된 생활조건들의 모든 문제가 포함되는 것이다.

협의적으로는 학습의 과정이 구체적인 내용에 따름을 의미한다. 이 내용을 둘로 구분하면 첫째, 인류가 역사적으로 쌓아온 경험에서 얻어진 지식의 체계가 학습의 내용으로 설립되는 교육과정이 있다.

둘째는 아동이나 학생의 흥미, 욕구, 필요, 목적에 기인하여 학생 스스로의 자발 활동에 의해서 생기는 경험의 계열인 경험 교육과정 또는 생활 교육과정이 있다.

기독교 교육이 실시하는 모든 주제는 계시된 하나님의 말씀으로서 인정되어야 한다.

기독교 교육의 모든 활동은 그리스도의 생명과 뜻과 성령에 의해서 움직여야 하며, 교육과정의 핵심은 그 목적이 그리스도가 중심이 되어야 하며 하나님의 말씀인 성경이 원리가 되어야 한다. 이 교육과정은 예배, 성경공부(교육), 전도, 성도의 친교, 봉사의 요소가 전부 포함되어야 하며, 반드시 성령의 역사에 의하여 이루어져야 한다.

교육과정의 문제

교육 과정에 있어서 다음 세 가지로 구분할 수 있다.

영역의 문제

교육과정의 제 일 요소는 필요한 교재, 교과, 필요한 경험 활동을 선택함에 있어서 목적에 따르는 것이다.

서열의 문제

선발된 내용을 일정한 서열에 따라 어떻게 배열할 것인가의 문제점이다.

구조적 관계

배열 후 그에 따라 상호간의 구조적 관계를 고려하여야 한다.

교육과정의 일반적 성질

첫째, 기독교 교육 목적의 달성을 위하여 작성돼야 한다.
둘째, 개인차가 고려되어야 한다.
셋째, 생활 중심이 되어야 한다.
넷째, 민주적으로 협력해서 마련되어야 한다.
다섯째, 아동, 청소년, 장년들의 신앙생활에 박력을 기르는 것이어야 한다.
여섯째, 교사가 해야 할 일의 전체적인 면과 전 생활 영역도 생각되어야 한다.

교육과정의 역사적 고찰

기독교 교육에 있어서 교육과정이란 예배, 전도, 교육, 친교, 봉사의 요소가 포함된, 성령과 교사를 통한 그리스도 인격의 양성을 그 내용으로 함이 근본 원리이다. 성경을 중심으로 기독교 교육을 역사적 측면에서 고찰해보기로 한다.

구약 시대

구약 시대는 철저한 율법주의 시대로 말씀 자체가 교육 내용이었다. 제사 의식을 통한 하나님 경외의 생활은 자녀들에게 읽고 듣고 전승케 하는 모세의 율법과 율례가 유일한 교육과정이었다.

신약 시대

율법시대가 끝나고 율법을 완성케 하신 예수는 위대한 교사로서 그의 설교, 교훈, 대화, 논쟁, 비유가 곧 교육과정이다.

신약 시대의 교육내용은 크게 둘로 구분할 수 있다. 첫째가 케리그마(Κηρυγμα) 즉, 구원의 핵심인 믿음으로 구원을 얻는다는 복음의 선교이다. 둘째는 디다케(διδαχη) 즉 교훈이다. 구원의 복음인 동시에 교훈적 요소를 들 수 있다.

속 사도 시대

사도 시대에는 이방 종교와 철학의 많은 영향을 받아서 보수와 타협의 두 흐름이 있었다. 기독교의 내용도 자연적으로 헬라의 철학과 문학을 성경 교리와 겸하여 배우게 되었다.

이 시대에 구도자들과 개종자들을 위한 문답서를 발간하게 되었다.

중세 시대

중세기는 기독교의 전성시대였기 때문에 구도자를 위한 교육이 필요하지 않았다. 가정에서 아이들이 출생직후 세례를 받았고 기독교 문화 속에서 성장했기 때문에 장성하여 새로운 기독교에 입문하는 의식이 없었고, 이들을 위한 교육의 내용이 크게 필요하지 않게 되었다.

다만, 예배 중심의 문화에서 교회의 건축, 장엄한 예배 장소와 분위기 조성, 아름다운 성화, 예배 의식, 복장, 음악 등 중세기에서 미술, 음악, 건축 등 다양한 문화의 꽃을 피웠다. 그러므로 교회 안에서는 교육이 경시되었고 오히려 수도원에서는 지도자 양성을 위한 학교가 성행하게 되었다.

종교개혁 시대

여러 세기에 걸쳐서 지배하였던 로마 카톨릭의 문화가 종지부를 찍게 된 것은 마틴 루터나 요한 칼빈에 의해 종교 개혁(1571)이 일어났고 이로 인해 교육과정의 큰 변화가 일어나게 되었다.

예배의식이 중점이던 것이 말씀과 성경이 중심이 되는 복음적 예배로 전환하게 되었다. 뿐만 아니라 개개인이 성경을 읽을 수 있도록 라틴어 성경을 각 국어로 번역하게 되었고, 또한 사도신경, 십계명, 주기도문을 내용으로 한 문답체로 요약한 요리 문답서를 작성하였다. 그리고 가정, 교회, 학교에서 사용하여 구도자 및 교인들의 자녀들에게 신앙을 훈련하게 하였다.

그 이후 프로테스탄트 교회에서 교리문답서를 작성하여 기독교 교육에 널리 사용하게 하였다. 그 대표적인 것은 다음과 같다.

① 루터 대·소요리문답(Lutheran catechism)
② Anglican 요리문답(Anglican catechism)
③ 하이델베르그 요리문답(Heidelberg catechism)
④ 웨스트민스터 요리문답(Westminster catechism)

근대 기독교 교육과정

근대에서는 요리문답이 교회교육의 큰 과정이었다.

주일학교에서의 교육내용이 성경과 요리문답이었다. 그래서 중심시기인 1790년에서 1815년까지의 시기를 '요리문답기'라고도 한다.

와츠(Watts)가 작성한 4종의 요리문답서가 있다.

① 제1요리문답서(3, 4세부터)
② 제2요리문답서(5-11세용)

③ 제3요리문답서 (12-14세용)
④ 제4요리문답서 (청년용)

현대 기독교 교육과정

현대에 있어서 특이한 것은 주일학교 운동이 활발한 시기였기 때문에 영국과 미국에서는 성서공회가 탄생하였으며, 기독교 문서 사업이 활발하였고, 성경이 널리 보급되게 되었다. 이로 인해 요리문답은 약화되었고 반면에 성경암송이 크게 보급되므로 1840년부터 1872년까지를 '교육과정 혼란기'라고 하게 되었다. 그 결과로 통일된 교육과정이 필요하게 되었다.

1866년 미국 시카고 주일학교 지도자 빈센트(Vincent)로 출발하여 미국의 만국 통일공과를 발간하게 되었다.

1914년 국제 공과 위원회가 조직되었고, 공과에 대한 새로운 개정작업이 시작되었다. 이 시기를 '만국 통일 공과시기'라고 한다.

1925년에 성경을 중심한 완전한 계단공과를 편집하였고, 그 이후 1933년에 성경 중심, 생활 중심, 경험 중심의 계단 공과를 출판하게 되었다.

교육과정의 유형

교육의 실제적인 효과는 교육시설, 교육지도자, 교육과정에 의하여 좌우된다. 그러므로 교육과정의 중요성은 정밀 주도하게 계획된 교육과정을 선각자적인 사명을 가진 지도자에 의하여 올바른 시설에서 이루어질 때 참된 교육이 되는 것이다.

일반적 구분

교육과정은 교과 교육과정과 경험 교육과정으로 구분된다. 이를 기독교적 입장에서 말하면 성경 중심의 교육과정과 학생 중심의 기독교적 생활경험 교육과정이라 구분할 수 있다.

전통적 이론 중심의 교육과정은 1920년대 이후에 와서 아동 중심의 교육과정으로 발전하였다. 1930년대 국제적인 경제 공황으로 민주적, 사회적 위기 극복을 위해 1940년대 이후에는 지역사회 중심의 교육과정으로 발전 변화하게 되었다. 이로 인해 기독교 교육계에서도 새로운 교육과정 개선 운동이 일어나게 되었다.

교육과정의 유형

①요리문답서(Catechism)

장기간 교회와 가정교육의 중심 문답서로 삼았다. 그러나 아동에게는 너무 어려워 사용하지 않았었다.

②성구 발췌교안(Selected Scripture Lessons)

성경에서 아동들에게 적당한 성구를 뽑아 암송하게 하는 목적으로 만들어졌으나 체계적이고 통일적으로 되지 못하고 아동들에게 흥미를 주지 못하여 오래 계속되지 못하였다.

③통일교안(Uniform Lessons)

1872년 6년분으로 출간하였다. 통일성과 계통성은 있었으나 유년, 장년이 공동으로 사용함으로써 경험면에서는 다른 점이 많았다. 그러므로 계단 공과의 필요성을 인식하게 되었다.

④계단공과(Graded Lessons Series)

이 계단공과는 부별 계단공과와 학년별 계단공과로 후에 발전 출간하게 되었다.

우리 나라에서는 해방 이후에도 계속해서 통일 공과를 사용하다가 50년대 이후에 와서 기독교 교육의 활동이 양성화되면서, 부별 공과(유년부, 장년부)에서 다시 1960년대 이후 부별공과(유년부, 초등부)로 발전한 것이 1960년대 이후에는 한국기독교 교육연구소(소장 김득룡 목사)에서 공과 발행의 혁신을 일으켜 마침내 연차적으로 학년별 계단공과를 발간하게 되어 오늘에 이르렀다.

교육과정의 구성 원리

효과적인 교육과정을 만들기 위해서는 근본적 개념을 기초로 하여야 한다. 하나님의 말씀인 성경을 기초로 말씀이 지식의 근본임을 근거로 해야 한다.
①지식의 개념(Information of knowledge)
②훈련의 개념(Disciplinary Concept)
③사회적 개념(Social Concept)
④창조적 개념(Creative Concept)

교육과정 구성의 기본 개념

그리스도 중심

기독교 교육의 목적은 삼위일체의 하나님을 경외하며 창조와 계시의 신앙을 바탕으로 구속자 예수의 중보자적 신앙과, 교회의 머리로서의 그리스도가 인생의 중심이며, 성령의 임재와 능력으로 그리스도의 인격을 형성케 하는 것이다. 이러한 목적에 부합하도록 예배에 대한 의의와 그리스도의 교훈의 생활화 속에서 성도의 교제는 그리스도의 생애와 행적의 기준이 되어야 한다는 것이 그리스도 중심의 개념이다.

성경의 완전성

성경은 하나님의 감동으로 기록된 말씀이며, 구속은 성경의 중요한 주제이다. 모든 교리는 성경 속에서 인간 최고의 윤리적 가치로서 생활의 황금률이다. 성경의 모든 진리는 교육과정의 문제점을 처리하는 것으로, 성경 기록을 중심으로 교육과정을 작성하며 성경적이 아닌 타 문화적, 종교적 유산도 성경을 더욱 풍부하게 한다. 부, 학년별, 연령에 따라 성경 진리를 적용하여 충분히 내용과 본질을 인식케 해야 한다.

학생과의 연관성

첫째, 창조, 타락, 구속의 신학적 입장에서 학생들을 관찰해야 한다.
둘째, 학생들의 기독교화, 신앙 및 하나님의 뜻을 따라 사는 영적 교통을 관찰하고
셋째, 그리스도 왕국 건설에 참여하도록 해야 한다.
넷째, 개별적 사회적 관계 관찰로는 다음과 같이 나누어 볼 수 있는데 그것은 그리스도를 통한 하나님과의 개별적 관계, 인간, 사회와의 개별적 관계, 직업에 대한 개별적 관계, 복음 증거에 대한 개별적 관계, 교회에 대한 개별적 관계, 우주에 대한 개별적 관계 등이 있다.
다섯째, 가정적 경험에 적용될 수 있도록 가정 교육이 고려되어야 하며

여섯째, 구조 전개에 있어서 심리학적, 교육학적 원칙을 충분히 견지하도록 한다.

사회적 적응

인간의 요구가 교육과정 속에 강조되어야 하며 안정감, 소속감, 도덕성의 지도, 기독교인으로서의 동기, 진리의 지식 등이 교육과정 속에 내포되며 선교적 차원에서의 사회성과 급속도로 변화 발전하는 사회, 과학기술 전반에서 절대자 하나님에 대한 바른 방향을 제시하여 현실 사회에서 사회와 하나님 나라의 관계된 그리스도인의 개념을 제시하도록 한다. 현실 사회의 위치가 죄와 배교로 특정된 사실을 강조하여 구속자 그리스도와 더불어 가정, 학교, 교회를 통한 기독교 교육의 목적이 달성되도록 하는 사회적 적응의 원칙이다.

교육과정의 구성법

교육과정 구성에는 교과서를 중심으로 하는 전통적 방법의 지식 교육과정과 현대적 방법의 생활 교육과정의 활동 분석법 등 두 가지로 구분한다.

이 결과로 1920년대에 교육과정의 전면적 개편이 일어나게 되었다.

편성 단계
①교육과정의 뚜렷한 개념
②학습의 수락된 기본적 원리를 진술

③교육 목적의 진술
④계열과 시간 배정
⑤교재 내용과 활동의 결정
⑥교수진행
⑦평가진행
⑧참고한 교재
⑨연구과정의 감소

공과 발간

　기독교 교육과정에 있어서 우선 공과를 발간함에 있어서 성경 주석학자, 교육 전문가, 실무자, 그리고 어학자들로 구성된 편집위원이 구성되어야 하며, 편집위원의 편집진행을 위한 회의를 소집하여 연구, 조사, 협의를 거쳐 편집이 진행되어야 한다.
　편집위원은 공과 발간에 있어서 우선 원칙을 세워야 한다.

편집위원 원칙
①성경에서 전 과정의 계열에 따라 교재 내용을 추린다.
②교사 및 학생들의 실태 조사
③교육과정의 목표
④내용 결정
⑤편집자 선정
⑥집필자 회의
⑦원고 정리
⑧원고 교정
⑨표지, 도안 및 인쇄에 대한 상의
⑩출판 발간

⑪보조 교재 준비

이와 같은 순서에 따라 공과 발간이 진행되며 편집자와 집필자의 작업이 시작되는데 여기서 편집자와 집필자는 어떠한 사람이 되어야 하는가에 대한 자격을 살펴본다.

편집자의 자격
① 교육위원회의 인정을 받은 자
② 그리스도를 위한 봉사자
③ 신학적 지식이 풍부한 자
④ 기독교 교육의 전문가
⑤ 기획 운영의 능력자
⑥ 국어 해득자
⑦ 기독교 교리 표현의 능력자
⑧ 박식한 자
⑨ 문필과 편집의 능력이 있는 자

집필자의 자격
다음으로 집필자의 자격을 살펴보자
글은 아무나 쓰는 것이 아니다. 가령 전문 분야를 비전문가가 그 일을 감당할 수는 없다. 건축의 전문가가 아닌 의사가 건물을 지을 수는 없다. 신학을 졸업하지 않고 강도사 고시를 거치지 않은 비전문가인 평신도가 강단에서 설교하는 것이 극히 신앙적으로 위험한 것과 마찬가지다.
① 기독교 교육의 전문 연구자
② 교안 작성의 이해와 협력자
③ 교수 경험과 글쓰는 능력이 있는 자
④ 표현 능력자

⑤참고 자료를 풍부하게 할 수 있는 박식자

【 생각해 볼 문제 】

1. 기독교 교육과정이란 무엇인가?
2. 기독교 교육과정의 구성원리는 무엇인가?
3. 기독교 교육과정의 기본개념은 무엇인가?
4. 기독교 교육과정 · 편성의 단계는 어떠한가?

그러므로 너희는 가서 모든 민족을 제자로 삼아
아버지와 아들과 성령의 이름으로 세례를 베풀고
내가 너희에게 분부한 모든 것을 가르쳐 지키게 하라 볼지어다
내가 세상 끝날까지 너희와 항상 함께 있으리라 하시니라(마 28:19~20)

제 5 장
기독교 교육 방법론

**새 포도주를 낡은 가죽 부대에 넣는 자가 없나니
만일 그렇게 하면 새 포도주가 부대를 터뜨려 포도주가 쏟아지고
부대도 못쓰게 되리라**(눅 5:37)

제5장 기독교 교육 방법론

다양한 기독교 교육 방법론

헤롤드 윌리엄 버지스(Harold W. Burgess) 박사는 1900년대 이후로부터 1970년대에 이르기까지 논의되어온 기독교 교육의 이론적 접근들을 네 가지 패턴들로 구분하고 있다.

버지스가 구분한 네 가지 이론적 접근의 유형들을 소개하면 아래와 같다.

첫째, 하나님의 메시지 전달에 초점을 맞춘 전통 개혁주의 신학적 입장에서 제시한 기독교 교육에 대한 전통 신학적 이론적 접근 방법이다. 이 방법의 주된 관심은 신적 메시지의 전달에 두고 있는데 여기에 있어서 신학은 이론과 실제의 문제들에 관계가 있는 모든 결정들에 대한 규범이 된다. 이 접근 방법은 전형적으로 강의나 설교 모델을 실제의 형식들로 삼고 있는 것이다.

둘째, 진보적 경험주의 교육철학과 자유주의 신학에 기초한 사회 문화적 종교교육 이론이다. 이러한 이론적 접근방법은 죠오지 앨버트 코오(George A. Coe), 윌리엄 보워(William C. Bower), 그리고 어네스트 체이브(Ernest Chave)와 같은 학자들의 저술들 속에 명시된 것처럼 소위 기독교 교육 운동의 특징을 나타내는 진보수의적 교육 이론과 자유주의 신학에 근거해 있는 것이다. 기독교 교육 이론 정립에 대한 사회, 문화적 접근 방법은 다음과 같은 기준에 따라 서술된다.

첫째, 신학적 개념체계는 부단히 변화를 받는다. 그 이유는 과학적 방법론으로 해석되는 경험이 기독교 교육 이론과 실제에 대해서 뿐만 아니라 종교 그 자체에 대해서도 규범이 되게 하기 위해서이다. 성경은 기독교 교육 자원의 일부로 간주된다.

둘째, 기독교 교육은 개별화된 구원과 관계가 있다기보다 오히려 본질적으로 사회 문화적 개조; 혹은 재구성과 관계가 있다.

셋째, 기독교 교육 담당자의 임무는 사회의식을 고무시키고 학생들이 사회적 과정에 직접 참여하는 상황을 마련함으로써 사회적 삶의 기술을 발전시키는 것이다.

넷째, 학생의 기독교적 인격과 기독교적 삶의 형태는 개인의 잠재적인 능력, 종교적 능력을 발전시킴으로써 발생한다. 이러한 사회, 문화적 이론가들은 기독교 교육의 신적으로 계시된 메시지의 전달이라는 정통 기독교 교육 이론에 완고하게 집착하기 때문에 역사적인 기독교 교육의 노력은 대단한 결점이 있는 것으로 간주한다. 이와 같이 사회 문화적 접근방법은 초자연적인 메시지의 내용보다는 개인과 자기가 속해 있는 사회에 초점을 두기 때문에 이들에게 있어서는 형이상학적인 것보다는 과학적인 것에 역점을 둔다. 따라서 '형식적인 것보다는 실제적인 것'을 구하는 것이다.

다섯째, 그리스도와 기독교 공동체 중심의 신정통주의 신학에 기초한 교육이론이다.

이 접근방법은 다음과 같은 기준에 따라 서술된다.

첫째, 하나님의 현재의 계속적인 계시활동의 인식과 그 통상적 특징인 신학적 개념체계는 기독교 교육 이론과 실제에 관련되는 모든 결정에 규범이 된다. 계시는 과거이든 현재이든 경험적 특질을 갖는다고 전형적으로 인식된다. 성경은 계시의 기록으로 이해되지만 반드시 본래적으로 계시인 것은 아니다.

둘째, 기독교 교육은 교회의 계시적 교제 안에서 각 개인들을 하나님과 올바른 관계 속에 세워주고, 책임지고, 지성적이고, 장성한 기독교인의 삶을 영위하도록 그들을 교육하는 것을 그 목적으로 삼는다.

셋째, 교육담당자의 임무는 학생과의 자치적인 관계 속에 들어가 그들 내부에서 하나님을 향하여, 또 다른 사람들을 향하여 성장해 가도록 지도하는 것이다.

넷째, 학생들의 영적 생활은 교회의 교육적 사역에 의해 장려되고 지속된다.

그런데 우리가 알아야 할 사항은 신정통신학적 교육이론가들은 극단적인 사변적 경향성을 띠며 신학적 및 교육적 범위를 다소 넓게 설정한다는 사실이다.

다섯째 종교적 교수 학습지도 중심으로 경험적, 과학적 방법에 초점을 맞춘 사회과학 이론이다. 이 접근방법은 교수-학습과정에 기반을 두고 있는 이론 유형으로서 이 방법은 신학에 대해 탈가치적 관계(relation of value-free)를 유지하며 신학의 내용을 적절한 것으로 수용하고 그 접근방법 속에 삽입시킨다.

기독교 교육에 대한 사회과학 이론적 접근방법은 다음과 같은 기준을 갖는다.

첫째, 기독교 교육 이론과 실제에 관한 결정과 관계있는 규범적 역할은 한편으로는 개교회나 교단의 유력한 관점과 조화를 이루는 교리적 및 신학적 개념체계의 실존적 결합에 부여되고, 다른 한편으로는 교수·학습행위에 관계되는 경험적으로 입증된 사실과 법칙에 부여된다. 신학적 성경적인 내용뿐만 아니라 종교적인 내용도 교육적으로 적절한 것으로 수용되고 삽입된다.

둘째, 기독교 교육은 명시되고 행동적으로 정의되고 종교적으로 목표가 정해진 행동의 촉진으로 정의된다.

셋째, 교사의 역할은 학생의 종교적 행동이 바람직한 방향으로 수정되도록 명시할 수 있게 적절한 모든 교육적 변수를 신중하게 조직화하는 것이다.

전통적 교수 방법에 대한 분석

전통적인 신학적 입장을 고수하는 기독교 교육 전문가들은 전형적으로 교수방법을 목적에 이르는 수단 즉, 기독교의 메시지를 학생들에게 충실히 전달하는 것으로 이해한다. 그러나 19세기에 와서 헤르바르트가 제안한 교수방법은 개신교와 로마카톨릭의 기독교 교육적 환경에서 20세기의 교수 실제에 지대한 영향력을 행사했다. 헤르바르트식 방법은 일부 복음주의적 개신교의 기독교 교육 전문가들의 방법론적 사고에 영향을 주었으며, 그 개념들은 기독교 교육의 뮌헨식 방법의 발전에 사용되었던 것이다.

헤르바르트식 교수방법은 명확하고도 완전하게 개념전달을 하기 위한 것이긴 하였지만 학생들의 바람직한 행동과 구원에 모두 영향을 줄지 모르는 수단으로써 '신적으로 계시된 메시지'의 질서정연한 전달에 관심있는 기독교 교육 전문가들의 흥미를 유발시켰다.

교수방법을 다루는 개신교의 전통적 논법의 두드러진 양상은 기독교 교육의 담당교사들이 교수방법을 사용하라고 제안하는 데서 유발되는 절충주의적 태도이다. 하나의 독특한 전통주의적 이론가들에 의해 모델이 채택되어지지 못했다는 사실에서 프랭크 개블라이언 박사는 복음주의적 개신교 전통의 범위 안에서 운영하는 학교에서 채택된 교수방법론을 조정하는 데는 아직도 해야 할 일이 많이 있다고 말하고 있다. 그래서 전통주의 이론가 중 한 사람인 로이스 르바아는 기독교 교육에 대한 전통적, 신학적 접근방법과 일치하는 이론적 과정을 통하여 포괄적인 교수방법을 발전시키려고 시도해 왔다. 르바아는 그의 책 「Education That is Christian」에서 성경의 인물들이 사용했던 교수방법, 특히 '하나님께로부터 온 교사'인 예수님께서 사용하였던 방법의 분석을 통하여 '하나님의 체계'를 탐구하는 것이 가장 올바른 교수방법이며, 예수님께서는 틀에 박힌 방법을 사용하지 않으신 것처럼 '성경적 방법'은 틀에 박힌 방법이 아니라고 결론지었다.

학습지도와 생활지도

개념

일반 교육에서는 교육방법을 교수의 전 단계로써, 학생들의 욕망이나 행동을 통제하고 질서를 유지하여 교수와 훈련을 유효하게 할 수 있는 소지를 만드는 것을 목적으로 하는 관리와 지식을 수여하는 과정으로, 교수와 아동의 감정이나 의지를 움직여 교수를 통하여 주어진 지식과 일치한 의지를 갖도록 하는 것을, 목적으로 하는 훈련의 두 가지로 구분한다.

교수나 훈련은 교사 입장에서 강제성이 많기 때문에 학습지도와 생활지도 두 가지 영역을 말한다. 이 두 가지 큰 영역을 합쳐서 교육방법이라고 부른다.

학습지도
학습이란 인간 행동의 변화를 의미한다.

인간의 행동은 성숙과 학습에 의하여 변화한다. 그런데 성숙은 가르침이나 훈련 또는 경험이 없이도 시간의 흐름에 따라 성숙의 과정은 이루어지고 변화한다. 그런데 학습은 행동의 변화에 큰 영향을 준다.

학습의 특징
학습은 과거 경험의 결과와 훈련에 의하여 일어나는 행동의 진보적이며, 비교적 영속적인 변화를 말한다.

①행동의 변화 ②연습의 결과 ③비교적 영속적 변화
④관찰할 수 없는 것이지만 관찰할 수 있는 행동을 통해서 간접적 연구가능(실천의 배후에 있는 행동의 영속적 변화)

이를 공식으로 표현하면 다음과 같다.

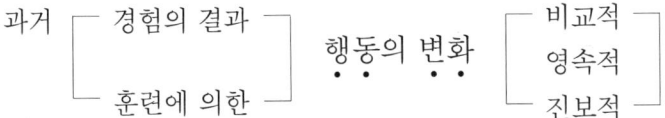

학습의 요소
①학습의 장
　학습 경험이 일어나고 학습 활동이 전개되는 환경으로서의 장
②동기
　학습 경험을 일으키는 동기

③목표
학습 경험은 목표가 설정되어야 한다.
④목표 지향적 행동
아무리 목표가 설정되었고 동기가 뚜렷하여도 목표를 향한 행동이 없으면 학습 경험은 이루어지지 않는다.
⑤지적(知的) 과정
확실한 동기와 목표 설정과 이를 향한 행동이 강하게 작용하여도 지적 수준과 정신적 바탕이 없으면 불가한 것이다. 왜냐하면 초등학생에게 대학 과정을 학습케 하면 문제가 생기기 때문이다.

학습의 원리
학습의 원리는 다음 몇 가지로 구분하다.
①자발적 원리
학습에서 동기 유발, 흥미 유발, 자의적 유발이 요구된다.
말에게 물 먹이기 위해 물 있는 곳까지 끌고는 갈 수 있으나 물을 마시는 것은 '말' 자신뿐인 것처럼 학습은 학습자 자신에게 있고 이를 위한 것이 흥미 유발이다.
②개별화
학습은 개별의 차이를 원리로 해야 한다. 집단 교육은 지양되어야 한다.
③직관의 원리
언어적 활용보다 경험 사물을 통한 사물을 인지함에 시청각적 방법으로 실생활에 활용함에 풍부한 학습의 효과가 있다.
④사회화의 원리
인간은 사회적 존재이다. 그러므로 사회적 존재로서의 가치관

을 심어주기 위해 전문가를 초청하거나 지역 활동, 견학, 탐방을 통해 사회와의 관계에서 산 학습이 된다.

학습지도의 형태

학습지도에 있어서 누적된 지식 요인을 전달하는 전승의 관계보다 효율적이며 생활화의 학습지도에는 다음과 같은 몇가지 형태를 제시할 수 있다.

① 강의법

이것은 단순히 교사가 학생들에게 강단에서 강의 내용을 일방적으로 강의하는 형태이다.

② 질문법

이것은 교사가 강의 내용을 일방적으로 가르치는 것이 아니라 질문에 의한 새로운 이치를 발견케 하는 방법이다.

③ 토의법

토의법에는 원탁에 둘러 앉아 상대적으로 토의하는 원탁토의법과 4-6인의 패널들이 질문에 대한 답변 형식의 배심토의가 있다. 다음으로 1-2명의 공개 강연을 듣게 하는 공개토의가 있고, 1-2명의 각기 다른 입장에서 강의하고 토의하는 심포지움과 명사를 초청하여 대화식 토의하는 대화식 토의법 이 있다.

④ 문제법

문제에 대한 연역적 방법과 귀납적 방법의 두 가지가 있다.

⑤ 구안법

학습에 있어서 교안 중심보다 실천적인 면을 강조하는 프로젝트에 의한 학습이다.

⑥ 프로그램학습

⑦팀교수
⑧시청각적 방법
　시청각 교육은 시청각적인 기구를 이용하여 학습의 효과를 높이기 위한 기술적 방법으로 학습지도의 여러 형태 중에서 실천적 산 경험을 주는 생활교육 방법으로써 크게 그 실효를 나타낸다.

생활지도

생활지도에 대한 구구한 용어들이 있다. 생활향도, 집단지도, 개인지도, 카운셀링 등등 생활지도에 대하여 아더 존스(Arther Jones)는 "인간생활이 위기의 사태에 직면하였을 때에 본인이 현명한 선택, 적응, 해석 등을 할 수 있도록 지도와 조언을 해 주는 것이다"라고 하였다. 이는 잘 살 수 있는 방법을 지도하고 가치있는 훌륭한 생활을 위한 지도와 조언이다.

생활지도란 일정한 교재가 없이 생활경험, 욕구, 흥미, 관심의 전반에 걸쳐서 지도하는 것으로서 교사의 사랑, 이해, 관용적 태도에 의한 신뢰적 감정을 갖게 하는 데 있다.

생활지도의 영역

생활지도의 영역으로는 교육지도, 개인지도, 사회성 지도, 건강지도, 직업지도, 오락지도, 성경지도 등 이 모든 것이 생활지도의 영역에 속하는데 모두가 신앙이 중심이 되어야 한다.

개인상담

첫째, 개인상담의 필요성과 중요성
　　　어려운 문제에 당면하여 중요하고 결정적 시기에 신뢰할 수 있는 다른 사람의 도움으로 문제 해결의 용이점을 찾는 것이다. 이를 위한 이해력있고 인생경험이 많은 또는 종교적인 깊은 체험과 이해력이 있는 자의 도움이 중요하다.

복잡한 사회, 자신의 사회 적응, 세대의 불안, 가정의 불안, 전쟁과 실업 등 이와 같은 불안과 공포의 세대에 길잡이로서 문제해결의 열쇠를 찾도록 도와주는 것이다.

둘째, 상담의 의의와 사명

상담자는 충고자가 아니다. 바른 생각을 갖도록 조력하며 문제를 이해시켜 해결을 찾도록 조력하는 것이며 태도와 정서에 관련하여 문제 자체보다 문제를 어떻게 느끼며 어떻게 대할 것인가에 대한 방법과 태도를 지도하며 영적으로 성숙해 지도록 도와주는 것이다.

그룹 활동

생활지도에 있어서 개인적인 상담을 통한 지도가 필요한 것처럼 집단적인 활동을 통한 그룹지도가 있다.

그룹활동에 있어서 기본적으로 고려하여야 할 것은 일치한 노력과 성장의 과정, 목적과 결정이라는 것이다. 그룹활동에는 비 연속적 그룹과 연속적 그룹이 있다.

그룹활동의 기술로는 다음의 사항에 유의해야 한다.

첫째, 정서적 풍토의 중요성

법, 규약, 헌법, 조례를 초월하여 감정정서를 충동시키는 연합의 의의

둘째, 지도자 자신

지도자의 우월성이나 반항적인 것의 지양

셋째, 지도자가 구성원을 어떻게 이해하며 약점과 목적을 인정할 것

넷째, 각 구성원은 자기 자신에 대하여 어떻게 느끼고 있는가 즉

자신의 가치, 실수에 대한 공포, 수치감을 지양하고 안정
감을 갖도록 자기 책임에 대한 충분한 이해
다섯째, 상호관계
배경과 흥미를 찾도록, 상호간 관심과 주의를 주도록 대
화하며 관심을 보여 줄 것

그룹활동의 제양상

집단적 활동에 있어서 그 양상은 여러 가지가 있다.

원탁토의(Circular Response)

둥근 원탁에 둘러 앉아 토의하며 문제 해결의 도움을 주는 것으로 이는 보다 많이 그룹에 참여를 가능케 하며 그룹 전체에 자신을 참여케 하여 새로운 지식과 경험을 얻게 되는데 유익하다. 그러나 제한된 수에만 적용하는 단점도 있다.

버즈그룹(Buzz Group)

이것은 글자 그대로 대중이 모두 참가하는 형식으로 각기 나름대로 의견을 주고 받는 즉 재잘재잘 떠드는 느낌을 주는 식의 각기 의견을 동시에 교환하는 형태이다. 이는 각기 의견을 표현하는 토의 끝에 모두를 대표하여 아이디어를 모아 지도자의 기능으로 발전시키는 것인데 잘 조직하지 못했을 때는 오히려 효과가 적다.

리스닝 팀(Listening Team)

몇 개의 부분으로 구분하여 특수한 부분별로 고찰하여 종합된

하나의 체계를 만든다.

패널포럼(Panel Forum)
논제에 대하여 4-8인이 관중 앞에서 부과된 논제에 대한 질서 있고 논리적인 좌담.

심포지움(Symposium)
논제에 대하여 2~5인이 의장의 지도 밑에 연속적 강연으로써 각자 다른 관점에서 의사를 제시하는 것인데 강사의 주관에 따라 좌우되는 우려가 있다.

기타 그 밖의 형태
토론과 극화(Discussion and Drama), 그룹 인터뷰(Group Interview), 견학(Observation), 세미나(Seminar, 이는 연구발표 형식) 학회(Institute) 등이 있다.

【 생각해 볼 문제 】

1. 기독교 교육 방법에 관한 네 가지 접근법은 무엇인가?
2. 전통적 교육 방법의 특징은 무엇인가?
3. 학습의 원리는 무엇인가?
4. 생활지도의 영역은 어떤 것이 있는가?

제6장
프래그머티즘 비판

사랑하는 자여 악한 것을 본받지 말고 선한 것을 본받으라
선을 행하는 자는 하나님께 속하고 악을 행하는 자는
하나님을 뵈옵지 못하였느니라(요삼 11)

제6장 프래그머티즘 비판

프래그머티즘의 의미와 주장

프래그머티즘은 미국에서 발전하기 시작한 철학이었다. 그래서 가일 케네디(G. Kennedy)는 프래그머티즘의 사상적 배경을 다음과 같이 기술하고 있다.

"미국의 독립전쟁은 자유를 존중하는 사회 건설의 한 표현이었고, 모든 인간은 평등하게 태어났다는 죤 록크(John Locke)의 사상에 따른 미국의 독립선언문은 그 속에 미국의 민주주의를 담고 있으며 토머스 제퍼슨(T. Jefferson)이 강조한 권리와 자유의 사상은 랠프 에머슨(R W. Emerson)이나 민중시인 월터 휫트먼(W. Whitman)에 의해서 다시 확인되고, 이들 정신을 계승한 철학이 찰스 퍼스(C. Pierce), 윌리엄 제임스(W. James), 그리고 죤 듀이(J. Dewey) 등에 의해서 발전된 프래그머티즘인 것이다.

또한 프래그머티즘의 사상적인 배경에 대해 철학자 윌 듀런트(W. Durant)는 다음과 같이 관념철인 칸트로부터 그 사상의 맥을 모색하고 있다.

"프래그머티즘은 임마누엘 칸트(I. Kant)의 실천이성, 아더 쇼펜하우어(A. Schopenhauer)의 의지(Wille)에의 찬양, 찰스 다아윈(C. Darwin)의 적자생존, 모든 선(善)은 사용을 통해서 측정되어져야 한다는 공리주의, 영국의 경험철학 그리고 미국의 과학정신 속에 그 뿌리를 내리고 있다.

프래그머티즘의 방법론에 대한 문제점

프래그머티즘은 그 방법적인 면에서 대단히 많은 비판이 전개될 수 있는데 이제 프래그머티즘에 대한 중대한 문제점에 대해서 살펴보도록 하자.

첫째, 프래그머티즘의 실증적인 과학적 결과에 대한 신뢰와 인간이성에 대한 과신을 수반한 낙관주의적 성격에 있다.

둘째, 이성을 신뢰하는 과학정신과는 반대로 개인적인 구체적 경험의 강조가 진리의 객관적인 성격을 주관적인 개인적 가치로 혼동하는 진리의 상대주의적 성격에 있다.

셋째, 가치의 절대주의가 거부되면서 수단과 기술이 목적보다 우선되는 가치전도적 성격에 있다.

첫번째의 문제점인 낙관주의적인 과학주의와 이성의 결과에 대한 신뢰를 통해 행복하고 정의로운 사회를 실현할 수 있다고 생각하는 듀이와 같은 프래그머티즘의 주장에 대해 신정통주의 신학자인 라인홀드 니버(R. Niebuhr)는 강력한 반기를 들고 반박하고 있다. 니버는 그의 책「도덕적 인간과 비도덕적 사회」의 서문에서, "사회에서 특권을 유지하려고 생각하는 지배계급의 사회에 있어서는 사회의 여러 변화를 이성적인 목적에 맞도록 통제하기 위한 과학적 · 실험적 방법의 발달은 불가능하다고 천명했다. 니버는 인간은 그 본성에 있어서 순수한 객관적인 이성을 유지하기 불가능하며 더욱이 자기 자신의 이해관계와 관련될 때 인간은 이기적이 되는 것을 막을 도리가 전혀 없다"고 했다. 그래서 니버는 말하기를, "사회의 부정은 교육가나 사회과학자가 보편적으로 믿고 있는 것처럼 결코 설득만으로는 해소되지 않는다"고 했다.

또한 심리학자 알프레드 애들러(A. Adler)도 듀이와 같은 프래그머티즘의 이러한 성격에 대해서 다음과 같이 말하고 있다. "이 철학의 중심적인 주장은 과학을 긍정하고 철학과 종교는 부정하는 일인 것처럼 되어 있다. 그리고 이것이 현대교육의 여러 국면을 지배하고 현대문화에 있어서 중요한 부패의 원인이 되고 있다"고 말하고 있다.

두번째 문제점은 윌리엄 제임스의 진리관에 관한 것으로서 신앙의 의미와 개인적 가치판단을 혼동하는 오류를 프래그머티즘이 범하고 있다는 문제성이다.

제임스는 어떠한 관념이 개인의 경험을 통해서 만족을 주도록 작용하는 결과가 된다면 이 관념은 진리가 된다는 것으로 종교적인 신앙의 의미와 가치를 일치시킨 것이다.

이에 대해 존 차일즈(J. L. Childs)는 "제임스의 경우 개인의 만족이 신앙을 시험하는 수단이 되기 때문에 도덕적, 종교적 진리를 개인적인 취미로 전락시켰다"고 비판하고 있다.

또한 죠오지 산타야나(G. Santayana)는 제임스의 진리관에 입각한 종교적인 태도에 대해서 다음과 같이 비평하고 있다. "윌리엄 제임스는 참으로 신앙하는 것이 아니고 믿을 권리를 믿었다"고 했다.

그리고 러브죠이(A.O. Lovejoy)는 프래그머티즘의 작용이라는 관념은 애매한 것이라고 하면서 하나의 관념이 어떤 경우에는 작용하나 어떠한 경우에는 작용하지 않을 수도 있다고 하면서, 가령, 메시야의 강림이란 관념은 유대인들에게는 작용하나 다른 나라 사람들에게는 작용치 않을 수 있다는 것이다.

세번째의 문제점은, 랜돌프 버언(R. Bourne)이 지적한 바와 같이 프래그머티즘은 '목적을 수단에 종속시키고 상상력, 또는 가치를 기술에 종속시켰다' 는 문제점이다.

프래그머티즘이 취하는 경험주의에는 절대적인 가치가 없고 따라서 궁극적 목표가 무의미하다는 주장에 대한 것으로 듀이에게 있어서는 수단에 연결되지 않은 목적의 존재가 무의미하다고 하며 목적과 수단의 분리로 생각할 수 없고, 목적만이 절대적인 존재라고는 결코 생각할 수 없다는 것이다. 이것은 목적과 수단과의 상·하 종속관계를 둘러싼 논쟁점은 가치나 진리관의 절대주의와 상대주의 사이의 갈등이라고 보여지는데 프래그머티즘의 입장에서는 가치의 절대주의가 없는 만큼 목적과 수단 간의 상·하관계 대신에 상호관련이 있을 뿐이고, 따라서 수단을 고려하지 않는 목적은 추상적 일 뿐이다. 변화가 극심한 현대사회에 있어서 어떤 계획이 능률적이 되기 위해서는 목적은 유연성이 있어야 하며 따라서 목적과 수단 간의 사이에는 고정된 상·하 관계보다는 동적인 상호관계성을 유지하는 것이 보다 중요하다고 한다.

기독교 교육에 대한 사회·문화적 접근방법

죠오지 코오(George Coe)는 그의 논문「종교교육과 일반교육」에서 다음과 같은 말을 하고 있다.

"기독교 교육과정과 목적, 이 두 가지가 세속 교육의 과정과 목적과 한데 혼합되어 있다는 것은 말할 필요도 없다. 이 둘 사이의 관계는 혼합된 정도 그 이상이다. 양자는 같은 나무에서 뻗어나온 가지이며, 그 둘은 같은 수액(樹液)을 마시며 성장해 왔다."

이와 같이 계속 교육과 기독교 교육에 대한 사회·문화적 접근방법이 이 둘의 특징을 종합하고 있는데, 이 둘의 배경에는 요한 페스탈로찌(J. Pestalozzi, 1746-1827), 프로드리히 프뢰벨(F. Froebel, 1782-1852), 호레이스 부쉬넬(H. Bushnell, 1802-1876), 그리고 본 장에서 중점적으로 다루고자 하는 존 듀이(J. Dewey, 1859-1952)가 있었다.

존 듀이의 철학사상과 진보주의적 교육개혁은 기독교 교육에 대한 사회·문화적 접근방법에 형식을 제공하였던 요인들 가운데 가장 의미있는 것으로 간주될 수 있다. 지식과 학습에 대한 그의 철학적 제 정의는 비록 기독교 교육의 전통적, 이론적 개념과 정반대가 되지만 사회·문화적 입장의 이론적 기초가 되었다.

존 듀이는 지식은 경험에서 나온 수정된 행동으로 간주하는 것이 가장 좋으며 지성은 경험을 뚜렷하게 하고 보다 의미있게 할 수 있는 도구로 묘사되어야 하며 학습은 지식을 낳는(행동 수정) 삶의 경험들을 체험하는 것과 구별될 수 없으며, 전혀 사회적·도덕적 행동은 사상보다 앞선다고 하였다.

교육에 있어서의 진보주의 교육철학은 사실 전통적, 형식적 교육에 반대되는 '교육실제'에 대한 태도였다. 진보주의 교육 운동의 아래에 기술하는 특징들은 기독교 교육에 대한 사회 문화 이론적 접근 방법에 강력한 영향을 미쳤다.

첫째, 그것이 학생들 각자에게 상당한 양의 자기 지시적 자유를 주려고 하였다.

둘째, 훈육의 자료로서 벌보다는 관심에 자유를 주려고 하였다.
셋째, 명백히 목적이 있는 활동을 장려하였다.
넷째, 아동의 성장요인에 초점을 두었다.
다섯째, 교실에서 과학적으로 추론된 교육학적 원리를 적용하였다.
여섯째, 각자의 조건과 계층이 서로 다른 아이들에게 맞추어서 교육을 하였다.
일곱째, 학교의 프로그램을 넣어서 지역사회로까지 들어가려는 경향 즉, 교육은 삶의 일부이지 그저 그것에 대한 준비 정도가 아니라는 확신과 관련된 태도를 보였다.

만일 기독교 교육 담당자가 무비판적으로 실용주의의 기초적 가설 위에 자신의 신학을 정립하게 되면 종교적 경험만을 강조하고 건전한 교훈의 중요성을 무시하는 경향을 지니게 된다. 그래서 학생들로 하여금 어떻게 주 예수 그리스도를 섬겨야 할 준비를 시킬 것인가? 하는 것보다는 어떻게 하면 학생들의 종교적 경험을 풍성하게 해줄 것인가에 관심이 쏠리게 되는 경향을 갖는다. 만일 학생들이 선호하는 관심과 경험에 대해 초점을 맞추고 교육을 진행시킨다면 학생들에게는 매력적이고 어떠한 흥미를 가지고 교육에 임할 것이다. 그러나 그것이 학생들에게 있어서 최선이며 아울러 궁극적인가? 라는 질문에 대해서는 당혹함을 면할 수 없다. 왜냐하면 초 경험적 실재가 없기 때문에 그들에게 있어서의 궁극적 가치란 존재할 수 없고 오직 개인의 경험에 따라 상대적인 것이 되고마는 것이다. 여기에 실용주의 교육철학이 지닌 취약성이 노출되는 것이다.

개인의 경험이 모든 것의 시금석이라면 윤리적 상대주의는 불가피하다. 왜냐하면 도덕적 절대주의란 인간중심의 인생관과는 결코 부합되지 않기 때문이다. 그러나 만일 인간의 궁극적 목적이 하나님께 영광을 돌리는 것이라면 성경에 충분히 계시되어 있는 하나님의 뜻에 따라 결정되어질 것이다.

결국 존 듀이를 중심으로 한 실용주의 교육철학의 맹점이란 인간에게 있어서의 궁극적 목적을 발견할 수 없는 준거의 틀을 가지고 있기 때문에 상대주의로 전락할 수밖에 없는 것이다.

실용주의자 존 듀이는 인간은 행동하는 유기체로서 그에게 있어서는 자신의 경험만이 유일한 실재이고 그 경험의 풍부화와 증대만이 유일한 목표라는 가설에 근거해서 이론과 실제를 발전시켰기 때문에 '전인을 만드는 교육'에는 일단 어느 정도 성공할 수 있었다고 볼 수 있지만 인생의 궁극적 목표는 결코 찾을 수 없었다. 하나님이 존재하지 않는 곳, 교육의 궁극적 목표가 부재한 곳에서 어떻게 성공적인 결과를 기대할 수 있겠는가?

"풀은 마르고 꽃은 시드나 우리 하나님의 말씀은 영원히 서리라"(사 40:8)

【생각해 볼 문제】

1. 프래그머티즘의 문제점은 무엇인가?
2. 사회, 문화적 접근 방법이 기독교 교육에 미친 영향은 무엇인가?
3. 무비판적으로 실용주의 교육사상을 받아들였을 때의 해로운 점은 무엇인가?

오직 성령의 열매는 사랑과 희락과 화평과
오래 참음과 자비와 양선과 충성과 온유와 절제니
이같은 것을 금지할 법이 없느니라(갈 5:22~23)

제 7 장
성령의 교육적 사역

**오직 너희를 부르신 거룩한 이처럼
너희도 모든 행실에 거룩한 자가 되라**(벧전 1:15)

제7장 성령의 교육적 사역

성령과 교육의 관계는 불가분의 관계이다. 기독교 교사가 비록 작고 보잘 것 없는 교육행위자라고 할지라도 분명한 목적을 가지고 성령의 도움의 필요성을 인정하고 그것을 기대하고 수용하는 믿음이 있을 때 그 교육현장은 생동감이 넘치고 변화가 이루어지는 산 교육이 될 것이다.

오늘날 발달된 교육원리와 방법과 재료가 많이 있고 수 많은 교육 프로그램이 훌륭하게 구성되어 있으면서도 여전히 교회교육이 딱딱하고 생활과 관련이 없는 무기력한 것이 되어 많은 청소년들이 교회를 떠나는 이유는 어떤 사회적 현상이나 교회의 제도적 결함보다도 그 교육현장에 성령의 역사가 부재하기 때문이라고 본다.

헤롤드 드와프(L. H. Dewoff)는 그의 책 「Teaching Our Faith」에서 기독교 교육에 있어서의 성령의 절대적 필요성을 천명하고 있다.

"기독교 교육의 전체 과업은 성령을 통한 신앙의 표현이다. 기독교 교육을 위한 총체적인 책임을 맡은 참된 교사는 실로 다름아닌 성령이신 것이다. 기독교 교육의 교사로 불리는 그 인간의 존재는 다만 성령이 그를 통하여 그의 뜻을 이루고자 역사하시는 증거자에 불과한 것이다. 참된 증거자가 되기 위해서는 그 증거자의 모든 기능과 사랑과 정열이 필요에 맞게 사용되어야 한다. 그리고 거기서 한가지 더 요구되는 것은 현존하시는 상담자인 성령을 믿는 신앙이다.

본서에서는 기독교 교육에 있어서의 성령의 역할을 교육적 사역과 교육적 은사로 나누어, 전반부에서는 성령의 직접적인 교육사역을, 후반부에서는 인간교사를 통한 성령의 간접적인 교육사역을 고찰하여 보고, 성령의 '교육적 사역'에 대해서는 교사로서의 성령의 명칭과 성령 교사(Holy Sprit teacher)의 교육 및 그에 관련된 사역들에 대하여 살펴보고, 성령의 '교육적 은사'에 대해서는 가르침의 은사와 그에 관련된 은사들을 살펴본다.

신적 교사로서의 성령의 역할

로이 적크(R. B. Zuck) 교수는 그의 책 「Spiritual Power in Tour Teaching」에서 기독교 교육을 다음과 같이 정의하고 있다. "기독교 교육은 학생들의 삶에 적용되는 하나님 말씀의 상호작용의 과정"이라고 했다. 복음적인 기독교 교육은 그리스도 중심적이며 성경에 근거한 것이어야 하며, 성령의 능력을 통한 교육행위이어야 한다. 그것은 학생들로 하여금 그리스도께로 인도하며 그리스도 안에서 그들을 견고케 하는 것을 목적으로 한다.

기독교 교육의 한 요소인 교사의 절대적 중요성은 아무리 강조해도 지나치지 않을 것이다. 일반적으로 우리는 기독교 교육에 있어서의 교사를 인간교사로만 생각하기 쉽다. 그러나 인간교사 이외에 보이지 않는 신적 교사, 즉 성령교사의 필요성과 중요성에 대해서도 소홀히 할 수 없는 것이 사실이다. 이 사실에 대한 무관심이야말로 기독교 교육을 실패로 유도하는 가장 큰 요인이 된다고 할 수 있다.

하나님의 말씀인 성경은 교사로서의 성령에 대해서 무엇을 말해주며, 그리고 그의 교육사역은 성령의 또다른 사역들과 어떤 관계를 형성하고 있는지에 대해서 살펴본다면 아마도 인간교사들이 하나님의 말씀을 가르칠 때 신적 교사인 성령께 의지하고 함께 참여하는 법을 더욱 잘 알게 될 것이다.

성령교사의 명칭

교육적 활동, 또는 교육에 관련된 성령의 사역은 그의 독특한 명칭에서부터 잘 나타나 있다. 비더울프(W. E. Biederwolf)는 성경에 성령에 대한 언급이 모두 3백 회 정도 나타나 있는데 이 중에서 52가지의 서로 다른 성령의 명칭을 지적하고 있다. 반면에 오스왈드 샌더스(J. O. Sanders)는 성령에 대해 90번 언급된 구약에서 18가지, 254회가 언급된 신약에서 39가지, 모두 합해 57가지의 성령의 명칭이 있다고 주장하고 있다.

이 가운데에서 성령의 교육사역에 관계되는 명칭은 적어도 일곱 가지가 되는데 그것을 소개하면 다음과 같다.

보혜사(parakletos, comforter)

이 명칭은 신약성경에 5회 언급되어 있는데 모두 사도 요한의 기록들 속에 나타나고 있다. 요한복음에서는 성령 하나님에 대해 사용되고 있고, 요한일서에서는 성자 하나님이신 예수 그리스도를 말할 때 이 명칭을 사용하고 있다. 흠정역 성경이나 미국 표준역 성경 등에서는 요한복음에서 위로자(Comforter)라고 번역했고, 요한일서에서는 대언자(adovocate)로 번역하고 있다. 그러므로 결국 성령에 대한 보혜사 명칭은 요한복음에 나타낸 셈이다.

다른 영어성경의 번역판에서는 이 명칭에 대해 위로자나 대언자 외에 협조자(helper), 상담자(counselor), 친구(companion), 곁에 서 있는 분, 편을 들어주는 자, 증인, 죄인의 친구 등으로 기록되어 있다.

돕고, 충고하고, 상담해 주는 역할은 분명히 전통적인 교사의 모습이다. 그것은 포괄적인 의미에서 성령의 가르치는 사역을 대변해 준다. 그런 의미에서 로이 적크는 'paracletos'라는 헬라어 단어가 'comforter'보다는 'helper'라는 번역에 더 타당하다고 주장한다.

왜냐하면 다른 보혜사(another comforter)라는 말에서 우리는 그리스도 자신도 한 분의 보혜사였음을 알 수 있는데(요 14:16), 그리스도를 위로자, 위안자라고 부르는 것은 그리스도의 인격에 관한 개념을 한 분의 위로자에 그치게 하는 것이 되기 때문이다.

그리스도께서는 'paracletos'가 제자들에게 그리스도에 관한 일을 보여주고, 장차 도래할 일들을 포함한 모든 것을 가르치는 사역을 대변해 준다. 그러한 의미에서 적크는 영어에서 'parakletos'라는 단어가 'comforter'보다는 'helper'의 번역이 더욱 타당하다고 주장한다. 왜냐하면 다른 보혜사라는 말에서 우리는 그리스도 자신도 한 분의 보혜사였음을 알 수 있는데 그리스도를 위로자(comforter)라고 부르는 것은 그리스도의 인격에 관한 개념을 한 분의 위로자에 그치게 하는 것이 되기 때문이다.

그리스도께서는 'paracletos'가 제자들에게 그리스도에 관한 일을 보여주고, 장차 다가올 일들을 포함할 모든 것을 가르치며 과거의 가르침을 기억나게 하고, 그리스도를 증거하며, 그리스도의 부재시에 제자들을 위로하여 그리스도의 사역을 계속하도록 하나님께서 보내신 분이라고 말씀하셨다.

성령님은 신자들의 'paracletos'로서 약할 때에 후원자가 되시고, 곤란 중에 상담자가 되시고, 환난날에 위로자가 되시고, 무지(無知) 가운데서는 교사가 되시는 것이다.

결국 'paracletos', 곧 보혜사는 광의로 '가르치는 사역'을 행하시는 대표적인 성령교사의 명칭인 것이다.

지혜의 영

영(靈)이란 명칭은 출애굽기 28:3에 처음으로 나타나는데 하나님께서 모세에게 제사장들의 옷을 짓기 위해 "지혜로운 영으로 채우고", "마음에 지혜로운" 제단사들에게 신령한 지혜의 근원이 되셔서 그들로 하여금 맡은 바 임무를 충실하게 수행할 수 있도록 해주셨다.

브사렐(Bezalel)은 "하나님의 신으로 충만하게 된" 결과 공교한 일을 하기 위한 지혜와 총명의 지식을 가지게 되었고, 이같은 충만으로 그는 또한 다른 사람들에게 자신의 기술을 가르칠 수 있는 능력도 얻게 되었던 것이다.

신적, 또는 인간적 지혜의 근원으로서의 지혜의 영은 교사로서의 성령의 명칭으로서 적절한 것이 아닐 수 없다.

지혜와 총명의 신

'지혜와 총명의 신'은 이사야 11:2에 나타나는 '여호와의 신'에 대한 명칭 중의 하나이다.

'이새의 줄기에서 나온 한 싹'으로서의 그리스도는(11:1) 그의 지상에서의 위대한 사역을 감당하기 위해서 하나님의 영을 덧입으셨던 것이다.

'하나님의 영'을 덧입으신 결과, 그리스도는 지혜, 총명, 모략, 재능, 지식, 그리고 여호와를 경외함을 소유하게 되었다.

상기한 바와 같은 성경에 나타난 능력들은 성령께서 그리스도에게 강림하실 때 주신 은사이며 오늘날 기독교 교사들에게도 성령께서 부분적으로 주시는 은사임에 틀림이 없다.

지혜에 대한 히브리어의 의미는 신중을 암시하고, 총명에 대한 히브리어는 분별과 지각을 암시해 준다. 실제로 총명에 대한 히브리어의 다른 형태가 에스라서 8:16에서는 '교사'로 되어 있다.

모략과 재능의 신

이사야 11:2에 "모략과 재능의 신"이란 명칭은 적절한 계획을 수립할 수 있거나, 적절한 충고를 제시해 줄 수 있는 은사와 그것들을 외적으로 나타내어 수행할 수 있는 은사를 성령께서 부여해 주신다는 것을 시사해 주고 있다. 여기에서 모략(counsel)이란 말은 좋은 충고를 해줄 수 있는 능력을 의미하고, 재능(power)이란 그 모략을 수행할 수 있는 능력을 암시해 주고 있다. 성령은 그리스도께 이 모략과 재능을 주셔서 그리스도로 하여금 '대선생'(master teacher)으로서 부족함없이 교육사역을 감당하도록 하셨던 것이다. 그 성령께서 오늘날 우리 기독교 교사들에게 동일한 모략, 즉 통찰력과 재능, 곧 능력을 주시기 원하시는 것이다.

지식과 여호와 경외의 신

성령님께서는 지혜와 총명과 모략과 재능 외에 그리스도께 '지식과 여호와 경외함'을 부여하셨다.

성령은 오늘도 모든 기독교 교사들에게 올바른 지식과 하나님에 대한 경외심, 즉 하나님의 말씀을 효과적으로 가르치는 데에 필수적으로 필요한 이 두 가지 힘을 공급해 주시기 원하신다. 지금까지의 이사야 11:2의 성령교사에 대한 세 가지 명칭은 그리스도께서 그의 공생애 동안 위대한 교사로서 제자들을 가르칠 수 있도록 성령께서 함께 하셨다는 증거가 되는 것이다.

오늘날 중생한 기독교 교사들도 성령께 의뢰하고 간구함으로 그리스도께서 소유하셨던 이사야 11:2에 나타나는 교육적 은사와 능력을 가져야 할 것이다.

진리의 영

'진리의 영'이란 명칭은 신약성경 요한복음에만 세 번 나온다. 어떤 학자들은 이 '진리의 영'이란 명칭이 성령을 '참된 영', 혹은 '진실의 영'으로 보여주는 것으로 성령 자신이 진리가 되신다고 말하고 있다.

그러나 성경에는 그리스도가 곧 진리이며 성령은 그 진리이신 그리스도를 제시하고, 가르치는 일을 담당하는 것으로 말하고 있다.

인간 교사는 부분적으로나마 하나님의 진리를 제시할 수는 있다. 그러나 그 진리를 전달해서 학생들의 마음 속에 이해시키고 또한 적용하게 할 수 있는 분은 오직 진리의 영이신 성령이다.

지혜와 계시의 영

이 명칭은 에베소서 1:17에 나타나는 명칭이다. 바울은 에베소서 1:17에서 "영광의 아버지께서 '지혜와 계시의 정신'을 너희에게 주사 하나님을 알게 하시고"라고 했는데, 이것이 '인간의 정신'을 의미한다고 주장한 사람들은 "영광의 아버지께서 너희에게 한 지혜로운 정신과 계시를 주사"라고 번역하고 있다. 그러나 이 해석은 반박을 받아야 한다. 왜냐하면 계시란 신비로운 것을 분별하거나 이해하는 것이라기보다도 신비로운 것들을 드러내 보이는 것이기 때문이다. 다시 말해서, 계시는 하나님께서 인간에게 진리를 나타내 보이시는 하나님의 역사이지 결코 하나님께서 진리를 이해하도록 인간에게 주시는 것이 아니다.

지금까지 살펴본 성령의 일곱 가지 명칭은 성령의 신성과 인격에 관한 성경적 증거를 뒷받침해 준다. 특히, 거룩한 교사이며 계시자이며 안내자이신 동시에 교훈자이신 성령의 모든 교육적 능력은 상술한 명칭들에 근거하여 설명되는 것이다.

이 중에서 특히 'Paracletos'와 '진리의 영'은 성령 교사의 인격을 충분히 설명해주는 명칭이라고 볼 수 있다.

성령은 '신적 교사'로서 '인간 교사'를 도와, 신자들을 지혜롭게 하고, 총명과 재능과 모략과 지식 및 주님에 대한 경외심을 허락하시며, 진리를 전하고, 해석하고, 적용시킬 뿐만 아니라 영적이신 지혜와 하나님의 지식을 우리에게 나타내 보이시는 하나님이시다.

성령의 교육사역

신자들을 위한 성령의 사역은 크게 두 가지로 나눌 수 있다.

첫째, 중생에 있어서의 성령의 사역이며, 둘째, 성화에 있어서의 성령의 사역인 바 성령의 교육사역은 두번째 부분인 '성화의 과정'에 포함되는 것이다.

주지하는 바와 같이 성령의 교육사역은 성령의 여러 가지 사역 중에서 가장 으뜸가는 사역이다. 하나님께서는 그의 백성들이 지식이 없어 말하는 것을 결코 원하지 않으신다. 그래서 지식이 없는 자는 제사장이 되지 못했다. 제사장이 없이는 하나님의 백성의 신앙교육은 불가능했다. 그것이 곧 옛 언약, 즉 구약의 제한된 성령의 교육사역의 모습이다. 그러나 새 언약인 신약의 특징은 성직자(제사장)뿐만 아니라 모두 신자들도 성령의 개인적인 교훈을 받을 수 있게 되었다는 점이다.

예수님께서도 성령을 소개할 때 무엇보다도 성령이 제자들의 삶과 사역을 돕고 가르치는 분이심을 강조하셨던 것이다. 로이 적크(R. B. Zuck) 교수는 성령의 교육적 사역에 대해서 교훈하고, 회상하게, 혹은 생각나게 하고, 인도하고, 선포하고, 계시하는 다섯 가지의 사역으로 설명하고 있다.

본장에서는 성령의 교육사역을 그 관련된 성경의 구절을 중심으로 교훈사역, 회상사역, 인도사역, 그리고 조명사역을 다루고자 한다.

성령의 교훈사역

루이스 샤퍼(L. S. Chafer) 교수는 그의 책 「He that is Spiritual」이라는 책에서 성령의 대표적인 일곱 가지 사역 중에서 가르치는 사역의 중요성을 특별히 강조하고 있다.

가르치는 일은 예수님은 물론이고 바울과 요한과 같은 사도들의 중심사역이었다. 특히 사도 바울은 권능의 기적이나 신유의 기적 같은 성령의 사역들을 뒷받침하기 위한 것으로 여겼다.

그러면 성령께서 누구에게 무엇을 어떻게 가르치는가? 요한복음 14:26에 근거하여 로이 적크 박사는 성령의 교육은 그 내용에 있어서 진리를 포함하며, 그 대상은 사람들(너희)이며, 그 방법은 그리스도의 말씀을 통하여 수행된다고 요약하고 있다.

교훈사역의 방법에 관하여 요한복음 14:26에 사용된 '가르친다', 또는 '교훈한다' 라는 말은 고린도전서 2:13에서도 언급되고 있는데, 여기에서 바울은 신령한 신자들은 인간의 지혜의 가르친 말이 아닌 영이 가르친 말로 하나님의 계시를 말한다고 함으로써 진리의 계시와 해석에 있어서 성령의 역사가 인간의 언어로 확대되고 있음을 보여준다.

성령에 의해 계시된 영적인 진리는 성령에 의해 가르쳐진 영적 언어로써 표현된다. 이 사실은 성령의 대표적인 은사들의 과반수 이상이 왜 언어에 깊이 관련된 것인가에 대한 이유를 설명해 준다. 일반적으로 성령의 교훈사역에는 세 단계가 있다고 토레이(R.A. Torrey)는 말하고 있다.

첫째, 진리를 계시하고(revealed), 둘째, 계시된 진리를 설명하고(illustrated), 셋째, 그것을 다시 다른 사람에게 효과적으로 전하게 한다(communicated).

성령의 인도사역

성령의 인도사역은 신약성경 중 특히 사도행전에서 뚜렷이 나타난다. 바울은 그의 생애와 사역에서 성령의 인도함을 가장 많이 받은 사도 중의 한 사람이었다. 구스 내시에게 집사 빌립이 복음을 전한 일은 성령 인도사역의 결정적인 사건이다. 하나님의 자녀인 신자들은 모두 하나님이신 성령의 인도를 받을 수 있고 또한 받아야 한다. 요한복음 16:13의 '인도한다'는 말은 문자 그대로 '길을 안내한다'는 뜻이다. 예수님의 제자들은 어떤 진리에 대해서는 잘 알지 못했다.'따라서 그들에게는 여행자의 안내자처럼 진리로 인도해 주시는 성령의 인도가 필요했던 것이다. 성경은 진리에 대한 인식이 안내자의 도움으로 가능하다는 사실을 여러 번 언급하고 있다. 이런 면에서 교육이란 '길을 안내하는 것'이라고 할 수 있다.

성령께서 신자들을 '모든 진리'로 인도하신다는 말씀은 두 가지 의미를 시사해 주고 있다.

첫째, 성령님께서는 모든 진리를 희생시키면서까지 한 진리만을 강조하지 않으신다.

둘째, 그리스도께서는 그가 나타내고자 하신 것의 일부만 계시하신 반면에, 성령께서는 모든 진리로 인도하신다는 것이다.

초대교회가 아닌 오늘 우리의 교회에서 성령이 인도하는 방법에 대해 왓슨(Watson)은 네 가지 측면에서 적용 설명하고 있다.

첫째 환경을 통한 인도, 둘째 다른 그리스도인을 통한 인도, 셋째 말씀을 통한 인도, 넷째 기도를 통한 인도 등이다.

또한 에드윈 팔머(E. Palmer)는 성령의 인도에 있어서 신자가 협조해야 할 세 가지 사항에 대해서 다음과 같이 기술하고 있다.

첫째 성령의 안내서인 성경의 철저한 이해, 둘째 성령의 조명을 위한 기도와 간구, 셋째 우리의 모든 지식과 능력에 대한 최대의 활용과 연구 등을 들고 있다. 성령의 인도를 받는 길은 인도받고자 하는 기대와 인도를 받을 절대적인 필요성을 가지는 마음 등의 성령에 대한 새로운 인식과 의식에서 출발하는 것이다.

성령의 조명사역

로이 적크 박사는 성령의 선포와 계시를 성령의 교육사역에 포함시키는 대신 성령의 조명사역을 교육에 관련된 사역으로 보았다. 그러나 구원과 신앙에 관한 하나님의 지식은 이미 성경을 통하여 선포되고 계시되어 완성되었다는 점에서 성령의 선포와 계시의 활동은 곧 조명사역을 의미하는 것이라고 봄이 더욱 타당하다고 사료된다. 그러므로 로이 적크 박사가 말한 선포와 계시는 곧 광의의 '성령의 조명사역'이며 그것은 곧 성령의 교육사역에 해당된다고 할 수 있다.

고린도후서 4:6에서 조명에 대해서 '빛을 비춘다'고 빛에 비유한 것은 '지식의 빛'이 무지의 어두움을 뚫고 들어가서 무지를 몰아내는 것이 조명사역의 모습이기 때문이다.

성경은 불신자들을 '그들의 총명이 어두워진 자들'이라고 표현하고 있는데, 이 말씀은 조명의 필요성을 강조해 주는 말씀이다.

물론 그들의 총명이 어두워진 이유는 '죄' 때문이다. '영적인 일'과 '영적인 진리'는 영적인 마음의 눈, '믿음의 눈'으로 볼 수 있다는 것이 성경의 일관된 주장이다.

상기한 바와 같이 성령의 조명은 하나님의 말씀 안에서 그리스도를 드러내시고 설명해 주는, 즉 진리에 대한 인식뿐만 아니라 그 진리를 수용하게 하는 데에도 관계가 있다.

그것은 이해된 진리를 적용하는 실제적인 체험과 사건을 의미한다. 불신자도 성경의 객관적인 자료를 이성적으로나 지적으로 이해하고 연구할 수는 있다. 그러나 그들은 여전히 그 진리를 어리석게 보고 그 관계된 진리를 마음에 받아들이지는 않는다. 성령이 밝혀주시는 조명의 내용은 하나님의 말씀인 성경과 결코 동떨어진 것이 아니다. 에드윈 팔머(E. Palmer) 박사는 다음과 같이 기술하고 있다. "성령은 지식의 내용을 첨가함으로써, 즉 새로운 계시를 더해줌으로써 가르치고 조명하지 않는다. 그것은 마치 태양을 두개 둠으로써 소경으로 볼 수 있게 하려는 것처럼 무익한 일이기 때문이다. 소경에게는 눈을 뜨게 하는 일이 우선 필요한데 그것은 성령이 마음 가운데 역사해서 깨달음을 주시는 일인 것이다."

이와 같이 조명은 새 지식의 부여가 아니라 분명한 것을 볼 수 있도록 그 눈을 뜨게 하는 것이다. 바울이 에베소 교인들에게 가르쳤던 복음은 다른 복음이 아니라 바울이 이미 전에 전한 복음이었다. 즉 조명이란, 옛 것을 새로운 방법으로 밝히는 것이다. 물론 성령이 조명하시는 내용의 핵심은 성령의 교훈과 인도사역에서처럼 그리스도 중심인 것이다.

성령은 그리스도를 나타내시고 해석하시고 영화롭게 하도록 인도하신다. 그리스도에 대한 우리의 모든 지식은 바로 성경에 대한 성령의 조명을 통해 가르쳐진 것이다.

이와 같은 그리스도 중심적인 성령의 조명사역의 관계에 대하여 오스왈드 샌더스(O. Sanders) 박사는 "지구의 빛에 대한 관계는 그리스도의 성령에 대한 관계와 같다"고 했다. 또한 그리스도와 신자의 심령을 연결시키는 성령을 가리키며 미카엘 그린(M. Green) 박사는 'the go-between God' 이라고 했고, 'already' 와 'not yet' 사이에서 중보하시는 분이라고 했다.

성령의 회상사역

윌리엄 버클레이(W. Barclay)는 교육적 사역을 행하시는 성령을 가리켜 진리의 교사, 중개자, 전개자, 생각나게 하는 자, 미래를 위한 안내자로 설명하고 있는데, 그것들은 각각 성령의 교훈, 조명, 계시, 회상, 그리고 인도의 사역을 지칭하는 명칭이다.

성령의 회상사역에 대한 언급은 성경에서 요한복음 14장 26절에만 나타나 있다. "보혜사 곧 아버지께서 내 이름으로 보내실 성령 그가 너희에게 모든 것을 가르치고 내가 너희에게 말한 모든 것을 생각나게 하리라"

이러한 회상사역은 사도들이 기록한 복음서와 신약성경에

오류가 없음을 보장해 주는 것으로써 제자들을 향한 성령의 교육 사역의 일부분이었다.

오늘날에도 성령의 회상사역은 그리스도의 말씀을 기억나게 하시고 말씀대로 사는 근거가 되게 하신다.

성령의 다른 사역들

앞에서 살펴본 성령의 교육사역, 곧 교훈, 인도, 조명, 계시 그리고 회상사역 이외에 이에 밀접하게 연관되어 있는 성령의 또 다른 교육적 사역인 영감과, 책망과, 내주의 사역에 대해 살펴보자.

성령의 영감의 사역

성령의 영감문제는 하나님의 계시가 어떻게 인간에게 전달되었는가 하는 과정의 문제이다. 영감이란 성경의 기록자들을 지도 감독하신 성령의 초자연적 역사로서 기록자들의 인격과 문체가 무시되지 않는 가운데 본래의 의도대로 기록하게 하시는 하나님과 인간의 연합사역이었다. 이 하나님의 감동하심은 축자적 영감과 완전한 영감을 동시에 감당하는 하나님의 역사이신 것이다. 이와 같은 성경에 대한 성령의 영감에 대해서 에드윈 팔머 박사는 성경에 대한 성령의 영감에 대해서 두 가지의 속성을 아래와 같이 요약 기술하고 있다. "예수님께서는 인성뿐 아니라 신성도 지니셨던 것 같이 성경도 사람에 의해 씌여진 점에서 인성을 가졌을 뿐 아니라 하나님에 의해 감동되어 기록되었다는 점에서 신성도 가지고 있다."

성령의 책망의 사역

책망은 주로 불신자들을 위한 성령의 사역이다. 요한복음 16:8의 성령께서 "죄에 대하여, 의에 대하여, 심판에 대하여, 세상을 책망하신다"는 말씀은 "성령이 오시면 그가 모든 성도들을 모든 진리 가운데로 인도하실 것"(요 16:13)이라는 구절보다 먼저 나온다. 따라서 주님께서 약속하신 성령강림은 성령으로 두 가지 사역, 곧 세상을 책망하시는 것과 교회를 교육하시는 사역을 수행하도록 하는 준비과정이었다. '책망한다'는 말은 반박 불가능한 논증으로 '환산시키는 것', '끄집어 내는 것' 등의 뜻이 암시되어 있다.

성령의 내주의 사역

내주의 사역은 성령의 교육사역의 기초가 된다. 성령의 내주와 교육 사이의 관계는 요한일서의 다음 두 구절에 잘 나타나 있다. "너희는 거룩하신 자에게서 기름 부음을 받고 모든 것을 아느니라", "너희는 주께 받은 바 기름 부음이 너희 안에 거하나니 아무도 너희를 가르칠 필요가 없고 오직 그의 기름 부음이 모든 것을 너희에게 가르치며 또 참되고 거짓이 없으니 너희를 가르치신 그대로 주 안에 거하라." 일반적으로 '기름의 비유'는 성령을 상징한다.

여기서 '기름부음'은 신자들 속에 성령께서 내주하시는 것을 의미하는데, 이것은 성경 곳곳에 많이 언급되어 있는 성령의 역사이다. 성령의 내주를 통해 신자들은 하나님의 진리를 배울 수 있게 되는 것이다.

신자들 속에 성령이 내주하고 계셔도 '성령 안에 우리가 거할 때'만 성령의 온전한 교육사역을 받을 수 있다.

【 생각해 볼 문제 】

1. 성령교사의 역할은 무엇인가?
2. 성령의 교육사역 두 가지는 무엇인가?
3. 성령의 교훈사역, 인도사역, 조명사역, 회상사역의 특징은 무엇인가?
4. 교육에 관련된 성령의 영감, 책망, 내주사역의 특징은 무엇인가?

맺는 말

밀(Mill J.J)이 쎄인트 앤드류스(St Andrews)대학 총장 취임 연설에서 다음과 같이 말하였다. "교육은 의사나 정치가나 실업가 또는 유능한 군인을 만들기 전에 먼저 그들의 전문 지식과 기능을 바르게 사용할 수 있는 '인간 그 자신'을 만드는 것을 사명으로 하여야 한다"라고 하였다.

교육이란 곧 인간 그 자신을 만드는 것이 사명이다. 독일의 철학자 칸트(Kant)는 "사람은 교육에 의하여서만 사람이 될 수 있다."라고 하여 교육의 중요성을 강조하였다.

그러므로 교육은 인간 형성의 큰 사명이요 지구상에 사람이 존재하는 한 교육은 영원히 존재할 것이다.

교육에 의하여 형성된다는 인간은 무엇인가? 일찍이 타락한 인류는 하나님과 원수가 되었다. 창조시 부여받은 인간성은 의미를 상실하였고 본래의 인간성을 회복한다는 것이 결코 일반 교육에 의한다고 보는 것은 신학적 견지에 부합되지는 않는다.

교육의 역사를 말할 때 일반 교육학에서는 고대 희랍 시대부터 시작하여 로마 시대 그리고 중세기를 지나 문예부흥 시대와 사실주의 시대 그리고 현대로 그 흐름을 역설한다.

인류 역사의 모든 문화의 흐름은 이전 시대의 영향으로 후 시대의 문화가 생긴다고 본다. 예컨대 근대 역사는 르네상스 문예부흥의 영향이 컸고 사실주의(Realism)도 역시 전 시대의 영향이다. 중세기의 교권주의 문화에 대한 새로운 반발운동으로 르네상스, 사실주의가 현대로 발전하였다. 중세기의 문화는 그 전 시대의 로마나 그리스 문화의 영향이라기보다 중세기 기독교 문화의 전

시대는 성경의 신약 시대의 유산이다. 신약은 그 전 시대인 구약 시대로 올라간다. 근본적인 원조는 구약의 에덴의 역사에서 인간의 역사가 시작되었다고 본다. 그러므로 교육의 참 역사의 흐름은 인류 창조 시대로부터 시작하여 구약의 교육이 중세기의 문화를 이룩하였고 중세기(AD 313-1517)의 문화가 종교개혁, 문예부흥, 사실주의, 현대사회로 발전하게 되었다.

그러므로 기독교 교육이 교육 흐름의 정통이라고 볼 수 있다.

교육이 인간 형성의 사명이라면 타락한 인간의 '인간성 회복'은 기독교 교육의 중요한 과제임에 틀림없다.

일반 교육에서 말하는 도덕교육, 이념교육으로는 결코 하나님의 형상대로 창조받은 본래의 인간성 회복은 절대 불가한 것이다. 인간성 회복의 가장 큰 핵심은 죄의 문제를 해결하는 데 있다. 그러므로 사람은 기독교 교육에 의해서만 참 사람이 될 수 있다.

교육이란 인간의 내적 도야성과 외적 자극에 의하여 내적 발전 가능성을 외적 자극에 의하여 이끌어 내고 현실화 하여 일정한 목표를 향해 전진해 감으로 인격을 형성하는 데 있다고 본다.

참으로 기독교 교육만이 내적 문제 즉 죄의 문제를 해결할 수 있으며 외적 자극 즉 성경과 성령에 의해서만 일정한 목표인 하나님과 만남으로 온전한 그리스도의 인격을 형성할 수 있고 하나님의 온전하심과 같이 온전을 향해 계속해서 변화·발전 형성케 하는 것이다.

여기서 기독교 교육은 하나님과의 관계 개선이 첫째 핵심이다. 이를 위하여 예수 그리스도가 필요하고 그의 구속사적 신앙을 바탕으로 변화된 그리스도인이 사회에 기여하여 사회를 변화케 하는 사회적 사명이 또한 부과된다. 이로 인해 인간의 인생관, 우주관,

내세관이 확실해지며 뜻이 하늘에서 이루어진 것처럼 땅에서도 이루어지게 하는 선교적 사명까지 담당하게 되는 것이다. 그러므로 지구상에 인간이 존재하는 한 교육이 공존하는 것처럼, 인간이 있는 한 죄의 문제에 대한 해결과 인간 본래의 회복을 위한 기독교교육은 영원히 존재하며, 인간사회 속에서 그 영역을 확보하며 더욱 강하고 절실하게 작용하게 될 것이다.

참고문헌

John Dewey, Reconstruction in philosophy(N.Y.: Beacon Press, 1955)
Hilda Taba, Curriculum Development(N.Y.: Harcourt, Brace and World, 1962)
John Dewey, Democracy and Education(N.Y.: The Macmillan co., 1982)
H.S Broudy, Building a Philosophy of Education(N.Y:Prentice-Hall Inc., 1958)
H.Lane, "Human Relation in Teaching(N.Y.: Prentice-Hall Inc., 1958)
J.L Mursell, Principles of Democratic Education(N.Y.: W.W. Neton & co., Inc., 1955).
W.B. Brookover, A Sociology of Education(N.Y.: American Book co., 1955)
Frank E. Gaebelein, Christian Education in a Democracy(N.Y: Oxford University press, 1951).
H. W. Byrne, A Christan Approach to Education(Milford; Mott media perss, 1981).
P.H. Vieth, Objectives in Religious Education(N.Y.: Harper & Brothers, 1930).
P.H. Vieth, Christian Education Today (Chicago: The international Council of Religious Education, 1940).
Peter P. Person, An introduction to Christian Education(Grand Rapids: Baker Book House, 1958).
C.B. Eavey, Principles of Teaching for Christian Teachers(Grand Rapids: Zondervan Publishing House, 1940).
Lois E. LeBer, Education That is Christian (Old Tappen, N.J.: Revell

co., 1958).
C.B. Eavey, History of Christian Education(Mood press, Chicago, 1968).
C.H. Benson, A Popular History of Christian Education(Moody Press, Chicago, 1943).
John Calvin, Institutes of Christian Religion. ed, J.t. Macneil(the Westminster Press, 1969).
H.J Grimm, Martin Luther -A History of Religious Educators(ed.) Elmer L. Towns (Grand Rapids: Baker Book House, 1975).
F. Watson, Martin Luther-A Cyclopedia of Education-(ed.) Paul Monroe(N.Y.: The Macmillan co., 1925)
Elmer H. Wilds, The Foundations of Modern Education(N.Y.: Rinehart & co., Inc., 1942).
J.C. Coetzee, Calvin and the School-John Calvin, Contem-porary Prophet (ed.) Jacob T. Hoogstra,(Grand Rapids: Eerdmans, 1959).
C.G. Singer, John Calvin:His Root and Fruits(Grand Rapids: Baker Book House, 1967).
J. Calvin, Commentary of the Jeremiah(Grand Rapids: Eerdmans Publishing Co., 1971).
Kenneth S. Latourette, A History of the Expansion of Christianity (Zondervan Publishing House, 1976) Vols., Ⅷ.
Boardman W. Kathan, The Sunday School Revisited-Religious Education-Vol., 75, Jan & Feb.
Clarence H. Benson, A Popular History of Christian History(Chicago: Moody Press, 1943).
Norman E. Harper, Marking Disciples-the Challenge of Christian Education at the end of the 20th Century-(Christian Studies Center, 1981).
Wayne R. Rood, Understanding Christian Education(Nashville, Abingbon Press, 1970).
Randolph C. Miller, The Clue to Christian Education(N.Y.: Scribner's Son, 1950).
Harold C. Mason, The History of Christian Education in J.E. Hakes, An Introdution to Evangelical Christian Education (Chicago: Moody Press, 1964).
Josef A. Jungmann, Handing on the Faith: A Manual of Catechetics (N.Y.: Herder & Herder, 1962).
C.B. Eavey, Aims and Objectives of Christian Education -An Introduction to Evangelical Christian Education-(Chicago: Moody Press, 1964).

Clarence Benson, The Christian Teacher (Chicago: Moody Press, 1950).
L.O. Richard, A Theology of Christian Education(Zondervan Publishing House, 1975).
Roy B. Zuck, Spiritual Power in your Teaching (Chicago: Moody Press, 1972).
Reinhold Niebuhr, Moral Man and Immoral Society (N.Y.: Charles Scribner's Sons, 1932).
Elmer Towns, The Successful Sunday School and Teacher's Guidebook (Illinois: Creation House, 1976).
Marrin Taylor, 「기독교 교육학」(송광택 역) (서울 : 장로교총회교육부, 1982).
J.E. Hakes, 「기독교 교육학 개론」(정정숙 역) (서울 : 성광문화사, 1983).
H.W. Burgess, 「기독교 교육론」(오태용 역) (서울 : 정경사, 1984).
K.E. Nipkow, 「기독교 교육과 신앙」(오인탁 역) (서울 : 홍성사, 1983).
Lewis Sherrill, 「만남의 기독교교육」(김재은 역) (서울 : 한신대 출판부 1981).
Ralph B. Perry, 「문명의 비판과 가치의 세계」(안병욱 역) (서울 : 을유문화사, 1960).
한기언, 「현대교육사조」 (서울 : 법문사, 1978).
오인탁 외, 「기독교 교육론」 (서울 : 대한 기독교 교육협회, 1984)
김득룡, 「기독교 교육원론」 (서울 : 총신대 출판부, 1976).
김경동, 「현대의 사회학」 (서울 : 박영사, 1979).
차석기외, 「교육원리」 (서울 : 법문사, 1984).
정정숙, 「종교개혁자들의 교육사상」 (서울 : 총신대 출판부, 1984).
임영은 「폴 틸리히의 기독교 교육사상」 (서울 : 장신대 기독교 교육연구원, 1983).
박봉목, 「교육과 철학」 (서울 : 문음사, 1984).
김형태, 「기독교 교육의 기초」 (서울 : 대한 예수교장로회 총회 교육부, 1983)

기독교 교육총서1

기독교 교육학 개론

초판발행 1998년 10월 19일
초판5쇄 2020년 2월 28일

지은이 김영규

편집 대한예수교장로회총회 교육부
제작 대한예수교장로회총회 출판부
발행 대한예수교장로회총회

주소 서울시 강남구 영동대로 330
전화 (02)559-5655~6
팩스 (02)564-0782
인터넷서점 www.holyonebook.com

출판등록 제1977-000003호
ISBN 978-89-88327-06-7 04230
     978-89-88327-33-3 (세트)

ⓒ1998, 대한예수교장로회총회